# 反思对话

## 教师专业成长的生长点

奚　珏◎编著

华东师范大学出版社

·上海·

图书在版编目(CIP)数据

反思对话:教师专业成长的生长点/奚珏编著. ——
上海:华东师范大学出版社,2024
ISBN 978 - 7 - 5760 - 4882 - 7

Ⅰ.①反⋯ Ⅱ.①奚⋯ Ⅲ.①学前教育-教学研究
Ⅳ.①G612

中国国家版本馆 CIP 数据核字(2024)第 070722 号

## 反思对话——教师专业成长的生长点

编　　著　奚　珏
策划编辑　彭呈军
责任编辑　张艺捷
责任校对　廖钰娴　时东明
装帧设计　卢晓红

出版发行　华东师范大学出版社
社　　址　上海市中山北路 3663 号　邮编 200062
网　　址　www.ecnupress.com.cn
电　　话　021 - 60821666　行政传真 021 - 62572105
客服电话　021 - 62865537　门市(邮购)电话 021 - 62869887
地　　址　上海市中山北路 3663 号华东师范大学校内先锋路口
网　　店　http://hdsdcbs.tmall.com

印 刷 者　浙江临安曙光印务有限公司
开　　本　787 毫米×1092 毫米　1/16
印　　张　12.75
字　　数　143 千字
版　　次　2024 年 6 月第 1 版
印　　次　2024 年 10 月第 2 次
书　　号　ISBN 978 - 7 - 5760 - 4882 - 7
定　　价　58.00 元

出 版 人　王　焰

(如发现本版图书有印订质量问题,请寄回本社客服中心调换或电话 021 - 62865537 联系)

# 序　言

## 功不唐捐：从反思力到领导力

早在 20 世纪 80 年代，全球学者已经开始探索和创新教师的发展模式，呈现出教师发展模式多元化的全球格局。教学反思成为教师实现个体专业发展和学校实现高质量发展同频共振的关键途径。强调自我考察和自我优化的过程，将推动教师教育教学理念的迭代，以适应快速发展的教育需要，同时，也赋予了教师研究者的角色，为教师的专业性赋能、赋权。

非常高兴有机会在出版前就看到这部著作，随手翻开，便看到了每个章节前的"小"问题，"以小见大"地引出了编者的思索和行动。什么是反思？反思的价值是什么？如何反思？这三大基本问题，通过九个章节的层层递进，逐步解锁，引领一线幼儿园教师在专业发展的旅途上，真切回顾，主动思考，科学践行，实现知、信、行的统一。仔细研读，以下六大转变在挑战着一线教师固有的认识和理解：

一是角色转变，将教师从反思型实践者转变为课程领导者；

二是主体转变，将教师个体的反思转变为共同体的反思；

三是动能转变，将助推反思的外部力量转变为教师内在的发展动力；

四是价值转变,将反思的价值从改善教育教学成效转变为课程领导力的提升；

五是观念转变,将反思定性为一项工作要求转变为一种质量保障机制和办园文化；

六是定位转变,将反思的一般思考过程转变为系统思维方式。

这一系列的转变标志着幼儿园对高质量发展的思考,对保教质量不断提升的孜孜不倦,对儿童发展优先理念的坚守,以及一线教师对自我成长的渴望、骄傲与自豪。

杜威曾经说过,一个人进行反省思维时需要从观察开始,以便审查各种情境。有些观察是直接通过感官进行的,而另外一些是回忆自己或者他人的先前经验。我们可以设想,如果教师只有经验,而没有对经验的自我批判和自我调适,那么经验就变成"重复"的代名词。经验＋反思,才能够收获发展与成长,才是成为专家型教师的正确打开方式。

此外,单从教师的知识结构来看,反思直接推进的是教师实践性知识(默会性知识)的构建,而间接拓展的是本体性知识的框架。具备情境性、开放性和探索性特征的实践知识,需要老师们在反思的过程中澄清、表征、迁移、收获和确认。光靠师傅的传授,是远远不够的。所以,很多学者将反思确立为教师专业发展的决定性因素,这也是教师构建课程领导力的必经之路。

头脑中对教育教学现场的复盘后所产生的怀疑、解释、推翻、暗示,通过计算、评价、判断都将又一次回到现场,得以验证和修正。这一过程不仅仅是认知的过程,也是情感体验的过程,更是信念层面的坚持！

　　我坚信,热爱学前教育的学前教育工作者们,都会把"教育家"精神铭记于心,在这条发展之路上,勇往直前。为了呵护祖国花朵的茁壮成长,为了我们共同的未来,老师们,加油!

　　承蒙编者邀请,让我写几句读后感,是为序。

上海学前教育学院副院长

2024 年 3 月 3 日

# 自　序

　　来自不同地方的"我"走到一起，变成了"我们"，"我们"能让每一个"我"变得更强大，每一个不断强大的"我"能让"我们"更具内涵和力量。"我"的言行从此不仅代表我，更代表"我们"——长宁区新实验幼儿园。

　　这是我园校园文化的核心表达。我们推崇智慧共享、梦想共筑的集体意志与选择，多年来，以文化为魂，以实践为基，几十载追求与耕耘，凝练出如下内涵特征：共享交流、反思对话、彼此点亮、协同合作、主动参与。

　　教师作为幼儿园课程实施方案的实践主体，直接影响着课程实施的质量。开园以来，新实验便非常关注教师的专业发展，依托我园两大课程领导力项目"基于证据的幼儿园课程实施方案更新的迭代研究——以'建立课程质量监控指引'为抓手"和"幼儿园基于课程实践的发展性教师评价研究——以'教师反思'为抓手"的实践研究，在不断理清两个项目的内在逻辑关联过程中，一方面着力于我园课程实施方案的迭代更新，找准我园教师课程实践发生变革的核心推动力，另一方面则从制度机制上，从提升教师反思水平的"软实力"着手，为提升幼儿园课程质量助力。我们发现，课程实施方案的迭代更新，离不开一个勤于观察、善于反思的教师群体,而教师反思能力的锤炼,也紧紧依附于课程实践这个核心,为课程方案的迭代更新提供客观、真实的实践依据。

基于此背景,我园建构了一种因共同志向与信念需要、愿意分享彼此价值观念、乐于同伴合作的反思文化,形成了共同的价值观念体系,凝聚成课程领导的力量,共同催化我园教师课程领导力的生长及持续提升。以一种对话式的协同反思模式,聚焦课程实践的"主动反思"和"对话支持",让课程实施者和课程管理者的关注点凝聚到了一起,把教师课程实践自评与他评的着力点凝聚到了一起,对助推每一个教师提升课程领导力形成了合力。这既提升了教师课程实践思考的动力,拓展了反思和实践的角度,也让"反思"不再仅仅是教师独自在心中修篱种菊的过程,通过"对话"可以让教师收获更多的支持和情感认同,使课程实践更有活力。赋予教师更多权利的背后,是相信每一位教师的潜能——"人人都来做对话者",激励每一个教师主动成长的内驱力,唤起每一个教师的专业自觉。

在不断深入实践中,我们愈加清晰地认识到:

**课程领导力视角下的教师专业发展机制是一片土壤。**在支持教师成为课程领导者的途中,"倾听"和"被看见"尤其重要,能让教师体验到被尊重和自身价值,激发对工作的主动热情。

**课程领导力是一种复合的力量。**互相支持、成就,才能点燃所有人的思想、推动大家共同前进,增强课程意识,产生新的活动,提升课程评价自主意识,推动专业自信地生长。

**课程领导力的提升是不断向教师赋权的过程。**发展过程中的"差异性",也是推动教师发展的机会。管理者要强化发现教师和理解教师的视角,要创造更多的条件和机会,为每一位教师的自我实现增加发展的空间和可能性。

对每一位新实验教师来说,每一次的反思对话实质上都是一次深度的自我审视和成长学习,但这种"反思能力"因人而异,与个人经验、教育水平、看问题的角度等相关。因此,我园"反思对话"机制的提出是桥梁,是手段,也是垫脚石。希望在这样的反思文化中,大家可以相得益彰,实现共同进步。

尽管百转千回,兜兜转转,但在未来的道路上,新实验幼儿园的每一位教师仍会选择去主动拥抱。因为由课程领导力共同体所产生的无形的共生力量,会指引我们成长,这是长宁区新实验幼儿园所赋予我们的底气。在这种力量下,我们会不断推动越来越多的新实验教师向着心中的愿景——"成为课程领导者"迈进。

# 目　录

# 上编：研究与设计

## ——反思对话的价值分析

问:为什么要反思？反思有什么用？

教师1:便于我们在制订下一步目标时,回顾实践中有什么好的、有待提升的地方,便于日后调整和改进。

教师2:在教学中可能在计划、想的过程中没有意识到的点,通过实践,再去反思、重新提炼,由此对某些点可以认识得更深刻,便于之后在同类型的活动中积累更多策略。

教师3:当上课效果不太好,生活环节很乱、不顺时,我们就应该去反思当下,静下心来,找准方向。

教师4:教师要养成自觉反思习惯,大到计划,小到每个点。

教师5:反思,不是回顾做了什么,而是思考可以怎么做,为什么要这么做。反思更多是给自己看的。除了案例的反思,我觉得反思的范围可以更大,涉及触动内心的,比如师德、教育教学、家长资源整合利用、生活课程合理性等方面。

我国古代《学记》中有言:"学然后知不足,教然后知困。知不足,然后能自反也;知困,然后能自强也。"在世界教育史上,《学记》首次提出了"教学相长"的命题,其本意是指教师自身要不断地向书本学习和向教育实践学习。

20 世纪 80 年代,美国学者肖恩基于"技术理性"的膨胀而提出"反思性实践"思想,"反思"逐渐成为教育领域研究的热门话题。我国学者熊川武认为教师反思是"教学主体借助行动不断探究与解决自身和教学目的以及教学工具等方面问题,努力提升教学实践合理性使自己成为学者型教师的过程"。《幼儿园教师专业标准(试行)》中也对教师反思作出了明确的要求,"坚持实践、反思、再实践、再反思,不断提高专业能力","主动收集分析相关信息,不断进行反思,改进保教工作"。

教师反思,就是指教师对于理解、设计、安排、组织、评价课程等方面的自我认识、分析、判断、质疑的过程。教师学习离不开思考,教师反思是实施课程教学思考过程中必不可少的一个重要环节。教师要养成反思的习惯,保持对教学中生发问题的敏感性,才能实现教学方式的转变,提升教学效果,推动教育改革的发展。这是人们克服狭隘的专业化理念和促进教师成长发展的新的突破口。如果没有教师的反思,一切的新的教育改革都将遇到难以克服的悖论。打开教师思维的反思之门,让知识在互动中流淌,在流淌中实现新的突破。

# 第一章
## 背景：以反思对话激活课程领导者

反思，是教师基于自身课程实践，进行分析、发现和总结经验的过程，也是其专业成长的重要途径。"反思型实践者"与"课程领导者"是教师角色的"一体两面"。在提升教师课程领导力的视野下，教师在课程中的主体地位得以进一步彰显，教师拥有更多课程设计、实施和评价的权利的同时，也对教师课程实践的反思能力和水平提出了更高的要求，即教师需要有更多的自我启示和自我管理，持续主动地发展与成长。

## 第一节　教师反思是课程思想力的体现

课程思想力是课程领导力的重要组成部分。课程思想力，就是思想对课程的作用力，与课程思想、课程愿景和课程文化密切相关，综合体现学校课程思想的前瞻性、课程愿景的一致性和课程文化的现代性。课程思想是经过思考和探索而产生的思维力量，取决于思想者自身掌握思想对象相关信息量的多少和质的高低。

**一、现实困境**

有研究表明,幼儿园教师普遍存在课程思想力不足的情况,其课程思想力效能的高低取决于自身对课程领导力知识掌握的多少,并且受其自身教龄与知识水平的双重制约。而我园自开园以来,便以"反思"作为重要抓手,以期推动教师在课程中主体地位的进一步实现,助力幼儿园中每一个教师成为课程领导者。我园教师每月会上交书面课程实践反思(即"月反思"),园长进行抽查批阅,以此可以有效了解我园教师课程思想力情况。通过调研与访谈,我们发现存在如下问题:

**(一)反思价值未明晰,缺乏有效反馈机制**

教师对"月反思"在制度中存在的价值和意义尚有疑问,不同教师对每月撰写反思与助推自身专业成长两者之间的关联度、认同度不同。从现状来看,对于课程制度中约定的做法,教师会自觉遵守并去完成,但由于价值认同不同,动机则不同,效果也不尽相同。而且"月反思"抽阅的形式并不能为每一个教师提供对话支撑,在得不到及时反馈的情况下,教师容易缺乏反思动力。

**(二)问题卡点内容不同,缺乏个性化支持策略**

每个教师是不同的个体,存在差异,面对课程问题其反思的"卡点"也各不相同,这些"卡点"既有共性也有个性。例如大部分教师无法从课程理念、目标的角度反思课程问题,一些教师发现了问题却找不到策略,一些教师反思不够深入,一些教师更倾向于讲述而不是撰写……面对这些个性化的"卡点",我园尚未形成有效的支持策略。

**二、访谈实录**

于是,为切实提高教师课程思想力,从我园教师现阶段反思现状入手,以"月反思"为切入,我园对教龄在 10—20 年的教师开展了一次访谈工作,梳理与明辨了教师反思活动中的困惑与期望。

问题一:能否回忆一篇令您印象深刻的反思吗?为什么这篇反思令您印象深刻呢?

- 陈燕:印象最深刻的是 12 月写的反思,一个是因为时间近,另外是因为过去一直觉得自己在师幼互动方面存在问题,一直想要积累经验,一直很想写的,也酝酿了很久。这次反思与这个内容有关,有种对症下药的感觉。

- 侯璟:10 月份,小班生活环境创设,小班生活是最主要的抓手。在我们园本教研的背景下,我反思了教室里的生活环境创设,它是经过调整后的经验梳理,所以印象更深刻。

- 朱莉琰:每篇反思印象都蛮深的,最近这篇文章我 45 分钟就写完了,在这篇文章中我探讨了工作的性价比,写得很有激情,很顺畅,想要倾诉的欲望非常强烈,所以印象深刻。

- 胡晶宁:印象最深刻的是 12 月的反思,结合大教研主题环境创设"放大的植物园"。印象深刻的原因是我发给了园长,她告诉我怎么样可以更好,如何梳理,如何撰写得更有逻辑,帮我梳理了思路,这一点对我很有启迪。

- 刘凯妍:我其实每一篇都会发给园长的,但是我至今对于写反思还是很困扰,我会有很多点,但是我不知道怎么写,怎么让别人能够理解,这个对我来说是难点。11月那篇反思我写得比较着急,当我写得比较随意的时候,园长立马发现了其中的混乱,她就反馈我到底想要写什么,下次可以先想好和她沟通后再写。这件事情,促使我再次去思考,促进了我再反思,这个形式挺好的。

- 陶春明:我印象最深的是今年9月、10月两篇反思,因为结合热点话题,根据我们本学期研究重点,我这两篇写的是班级环境创设的思考。

- 张倩:10月、11月写了我班大教研主题环境创设,第一篇我写了初步的规划,第二篇我写了完成后的反思。有实践过程,又有后续的深入思考,所以让我印象很深刻。

- 李臻:我也是对于大教研内容的印象比较深刻,9月1篇、11月1篇。9月我梳理了思想的转变,记录了过程,从抱怨到倾听、了解孩子,我成长了。11月我结合大教研,老师们提出了宝贵的意见,我们也做了延续,让家长也参与其中,一起助力孩子的成长。

> 观点梳理:时效近、结合近期工作重点、有所启发且有持续的实践思考、有感而发的反思更容易让人印象深刻。

**问题二:您经常用什么样的方式来反思您的课程实践? 追问:您认为哪种反思方式最有效呢?**

- 李臻:我觉得基于亲身做过的事情进行反思更深刻、更有意义,碎片式的、基于自己日常行为的反思更有价值。

- 张倩:我的反思常基于教研,教研中要有专家指点、评析的讨论,聆听他们的意见更有价值。

- 陈燕：我也觉得碎片式反思更有效，大多数情况会和自己搭班进行日常沟通。
- 刘凯妍：我的碎片式反思中除了搭班还有小教研的老师们，我们会对日常的问题进行一个即时的沟通。
- 陶春明：碎片式反思中和搭班聊聊。
- 朱莉琰：我也是碎片式的，平时会聊，不断地聊。
- 胡晶宁：我们任何时间都在反思，点点滴滴、方方面面。
- 刘凯妍：我平时也是碎片式的，因为平时聊天的机会多，发现问题可以立刻沟通、调整，对于写是真的没时间，而且就自己一个人。在碎片式的聊天过程中可以听到别人的声音。

> 观点梳理：碎片式反思更常用，常和教研组、搭班等进行；碎片式反思相对而言更即时、便捷，点滴日常都可以快速地进行沟通，直接实践、运用；教研反思也有成效，但重点是要有相应的专家进行更深入的剖析和指导，才能最大化教研反思的效用。

**问题三：在怎样的情况、方法或者条件下，您的反思更深入、更有意义？**

- 众：园本教研。
- 李臻：园本教研让我们反思更深刻，努力地去挖、去梳理。
- 胡晶宁：和专家的对话。
- 刘凯妍：当专家提出的问题我答不出来的时候，我不得不更深刻思考。
- 胡晶宁：每次我想要放弃的时候，我就在想我都写了那么久了，好

难啊,但还是坚持下去了。在写立德树人这样的反思案例时,我
会觉得很有意义,自己做的事情有价值,真正能够改变孩子。

- 朱莉琰:我把每一篇都当作散文来写,以抒发内心的情感,有表达
就让我感到满足。

- 陈燕:对比大家的深度,我好像觉得这样的时候很少,但当后面再
遇到这个情况还是蛮有意义的。

- 刘凯妍:和专家对话之后觉得很有意义。

- 张倩:反思讨论后获得大家认可的时候。

> 观点梳理:园本教研会使反思更深刻;和专家的对话,回应专家的
> 提问,让自己的反思更加深入;任务驱使,有满足的成就感;抒发内心,
> 可以表达想说的内容比较有意义;所撰写的反思如果后续觉得有所帮
> 助的时候会觉得很有意义。

**问题四:您会回看您撰写的反思文本吗? 在什么样的情况下您会回看?**

- 陈燕:发生相同的事情的时候,我会重新回看。

- 侯璟:同一个点再遇到的时候。

- 胡晶宁:我一般都是不经意地看到,我会觉得这是我写的啊,再看
一遍会重新回顾一下,特意去看的情况基本上没有。

- 朱莉琰:我会去看的,会去看里面以前写的某一段话,特别有意义
的一句话。聊天的时候或者有空的时候,会突然想到。

- 李臻:今天我要写这篇文章了,我想起我自己之前有写过,就会回
看参考。

- 张倩：平时我会在每次记录或接到新任务的时候反思,我会回看过去记录的反思,寻找已经整理过的点和实例,重新梳理、整理。

- 刘凯妍：类似上课,几年后我又一次遇到这个情景,我记得之前我写过这个内容,我会再去看一下,当时我怎么做的,我怎么思考。但时间长了,就要重温一下。

- 陶春明：说实话,我一般不太会回去看的。之前的问题是不太针对反思文本,我的反思点一般较小,如果后续有相关内容我记得和之前的内容一致的,我会去翻,但是多数时候我不太记得这个内容。我之前的反思感悟会落实到行为当中,它已经内化为我的行为,我不太需要再一次一次去看。

> 观点梳理：多数表示遇到相似的事情,或是需要用到相似素材完成某项任务时会去主动翻阅;有感而发想要回味那时的感受、感想、思考时会去翻阅;也有教师表示,日常很少会去特意翻看,反思的感悟会直接内化到行为,不太需要再去翻看。

**问题五:您会对之前反思的结果再次进行反思吗? 是否会持续性地进行反思?**

- 李臻：我的大教研反思就是这样,活动没有结束,还在进行调整,我会持续对那个内容进行调整、反思。

- 陈燕：与孩子的生活相处还在继续,我也会继续不断地跟进、调整。

- 侯璟：游戏环境也是这样的。

- 张倩：持续性反思是一直存在的,可能是实践,可能是思考,只是我没有写下来。

- 胡晶宁:思想上、实践上我一直在持续的反思,只是真的因为没有时间成文,所以没写下来。持续性的反思会更加深入,归纳一些零散的做法,有些有效,有些可能无效,梳理就是一个记录,后续方便回忆。同时也可以提炼一个思维方式的改变,对后续的实践有更多的指导价值。

- 陈燕:有时候,也会以一个小朋友为单位,个体地跟进,改变措施、方法。

- 李臻:会的,我有一个案例就是持续性反思后,再次撰写了相关内容。

> 观点梳理:所有教师表示反思完成后,后续通常还是会有衍生性的思考,尤其是对于一些本身还在延续、衍生的活动,教师的思考自然会是持续的;但持续性反思可能是成文的、有所梳理的,更多的情况会是口头的、片段的;持续反思一直存在,但有意识反思整体不高,要把更多的无意识反思转换为有意识的反思。

**问题六:你们有途径知道别人怎么反思和思考什么吗? 当您看到别人的反思是否会借鉴或者调整? 为什么会借鉴? 借鉴了什么?**

- 侯璟:园本教研介绍时可以看到别人的反思,可以了解他们的思考点。

- 陈燕:碎片式反思的时候,我就可以了解别人在想什么,遇到什么困难。

- 胡晶宁:和别人聊天,可以看到不一样的视角,发现他们反思的点不太一样,这点使我受益良多。

- 朱莉琰:其他人我看到的不太多,我和同班的老师之间会有一些交流,互相看看反思多。

- 刘凯妍:不看文本,我只能从小教研、大教研中了解别人的思考,还有一些我们日常比较熟的,我们也会有更多的沟通。我们不太会把项目组当作一个渠道和工具,日常搭班之间的沟通会更多些。

- 张倩:我们日常会互相走动交流,看到他们在做什么,我就会随口问问,在聊天过程中也可以了解到一些有趣的想法和思考。

- 刘凯妍:我们会和小班有些沟通,站在不同立场上,与不同年段老师进行沟通。

- 李臻:最多的就是和搭班,另外我们年级组也很好,年级组氛围很畅通,互相促进,片段式的反思可以促进我们交流、了解。

> 观点梳理:园本教研、小教研都是了解他人反思的渠道,此外还可以通过串班、日常聊天等进行沟通、了解;一个好的沟通氛围能够有效地促进教师日常沟通;此外,教师和搭班之间的沟通往往是最多的,彼此之间的正式对话、非正式对话能够促进班级教师协同配合,更好地支持孩子发展。

从中可以看出,我园教师整体有较强的执行力和问题意识,会对课程实践中"不顺"的地方进行反思。但这些反思是碎片化式的,大部分聚焦于教学中遇到的一个个小的问题或困惑,反思持续性和深度都还不够。究其原因，主要有以下几点：一是除了园本教研外，园所为教师们提供能进行头脑风暴、思维碰撞、畅所欲言的平台还不够；二是教师对专家指导"寄予厚望"，期待有专家进行指导，从他人对话和指导中得到学习机会；三是不同教龄、不同专业结构层次的教师们的需求和问题不同，园所需更多设计差别化指导方式或架构支持不同教师发展的反思机制。

## 第二节 教师反思是课程实施评价的抓手

有质量的反思能帮助教师更合理地进行自我评价，教师参与评价和反思的过程其实质是不断认识自我、发展自我、完善自我，不断实现发展目标的过程。

经过访谈，以教师反思为抓手，提高教师课程思想力的目标愿景已为幼儿园课程主体所共识，但是，具体如何做才能到达彼岸呢？

### 一、聚焦反思

"月反思"，自开园以来便存在于教师反思制度之中，我们深知其对教师专业成长的积极作用，事实上，幼儿园中已有一批主动反思和寻求对话的老师获益其中。但是，要让幼儿园中每一个教师对"月反思"都产生较高的价值认同，并非一件一蹴而就的事。显然，当前在不少教师的脑海里，"月反思"这件事的关键词是"写"，但忽略了其最为本质的价值——"反思"。把反思"写"下来，是一个任务驱动，能使教师定期审视自身课程实践，深入体察自己在教育行为背后的教育意识、理念和价值取向，对课程实践开展自我评价，相比口头反思具有其独特的价值和意义。由此,"月反思"的关键词更应聚焦在"反思"上,聚焦到教师的课程实践中去。

## 二、对话支持

课程管理者在打开反思文本时的观感,或许也会被"写"得如何所影响,但从助推教师成为课程领导者的视野来看,更有价值的是要在阅读和对话过程中洞察教师的教育智慧,感知教师在课程实践中的真问题,并为教师的课程实践带去更多有力的支持。对于教师来说,通过参与评价,能更加深入理解课程目标,增强课程意识,进而能产生更多课程实践中的创新做法,发挥自身潜能,这将是十分有益的。于是,幼儿园拟进一步赋权,让每一个教师都有他评权即成为"对话者",协同他人共同开展课程实践反思。

在适宜的环境里,教师的课程领导力是在不断生长的。不仅有课程意识的增强、新活动的产生,还有课程评价自主意识的提升、专业自信的提升。反思对话,就是为了造就这种"适应的环境"而服务的,倡导的是以教师自主开展课程实践评价为主,同伴式评价为辅,对教师以及协同反思的伙伴而言,都增加了其发展的空间和可能性,在课程实践中分享做法和观念,互为拉动视角,共同探索,让反思对话与彼此的专业成长形成良性互动。其积极意义在于创造更多的条件和机会,为"每一个"教师的自我实现增加发展空间和可能性。

第二章
目标:让反思对话为课程实施铺路

来自教师的声音:

教师1:"让我说,我就能说得清楚,为什么一定要写出来呢?"

教师2:"对于教师来说,是'写'出来重要,还是'做'出来重要?"

教师3:"每个月写一篇,就能提升我的专业水平了吗?"

来自对话组成员的声音:

成员1:"我们和老师对话,是期望借助反思,提升教师的专业自觉和课程实践质量,还是要促成老师每个月写一篇好文章?"

成员2:"写作能力是一种高阶思维,所写的文本有人对话了就能提高教师的写作水平了吗?"

成员3:"在教师反思里,常常包含着教师的课程决策,聚焦这些课程实践里的思考,是不是比聚焦'写得怎样'更有价值?"

在制度建设中,只有先澄清价值,才能形成后续有效的行为引导;在实践行动中,只有先澄清价值,才能将反思者和对话者的力量凝聚起来。从"月反思"到"月反思对话",教师和对话组成员要转变反思视角,转移价值定位:从"这个月我写什么"到"这个月我选什么点来反思对话",从"这篇反思写得怎样"到"这位老师正在关心什么"。

真正审视"月反思"价值之后,新的使命和力量才会被赋予,最初的方向也才能由模糊而逐渐定焦。其实质是教师在课程实践中有了更多的自主权,在课程评价中也有了更多的话语权。随着自由度增大,教师会产生如何把握自身在课程实践中的合理性、科学性的困惑,会主动觉察到更多的困境,期望得到更多的关注和支持。这是教师对课程实践开展自评的过程,也是用对话方式牵起他评的过程。

## 第一节 教师课程反思机制演变

长宁区新实验幼儿园的每位教师从踏上工作岗位开始,无论教龄有几年,都要在各种情境之下"说"反思、"写"反思。教师写好的每月教育教学反思需要按时间节点上传,由园长抽查,学期末打印装订成资料。

长此以往,教师们的主动性和积极性都随之淡化,反思的内容也越来越窄,反思点也越来越小。反思,变成了"喊口号""做任务"。好的反思素材如何用? 每一次的反思怎么变得更有价值? 反思只要上传就行了吗? 随着对反思的认知不断深入,我们也逐渐行动了起来。

### 一、只反思无对话

早期的月反思,没有任何规定和要求,教师们选的反思点可大可小,反思切入的角度也可多种多样,但渐渐地,教师们愈来愈把反思视作任务,多是起于"思"却未至"行",反思质量有好有坏、水平不一,看不见提升,一到学期末,一篇又一篇的反思稿汇集成册,而后便束之高阁,教师写作水平无法获得提升,优秀的经验无法进一步传递、推广。反思,只是一本本资料。

每月到了月反思截止时间,教师们或是叫苦不迭,"怎么这么快又要交反思了""这个月写哪个点好";或是轻松无压力,"随便写一篇好了,不一定被抽到""我交掉了,我反正写东西是写不好的"。反思动力明显不足,未真正理解反思背后的价值。

**(一) 活动反思,只是自我消化**

这类反思是教师基于日常教学撰写,本身是主动的,是自我检讨的,并非无可取的,但更多时候只是自我消化。受自身经验影响,自我消化看到的问题终究局限,获得的对策更是有限。要走出自己的世界获得提升,教师亟须外来的力量。

## 【侯璟:菜园变海洋世界】

在今天玩沙之前,教师引导幼儿以小组为单位,讨论今天玩沙的内容。杰杰那组讨论的结果是挖一个大坑,然后种菜,变成菜园。

于是,他们来到沙池,找了块地方挖坑。挖着挖着,小组的其他成员被新的器具——水管所吸引,纷纷加入了玩水的队伍中,只有杰杰一人继续挖坑。杰杰虽然嘴上在抱怨同伴,但还是一直坚持自己的行为。没过多久,小坑初见规模。这时,诚诚正好从管道上倒了一大桶水下来,杰杰挖的坑被喷出来的水灌满了。大家似乎觉得这有点好玩,纷纷来灌水。

这时,我说道:"你们看,水流冲下来的时候正好冲到那个大坑里,像什么啊?"

突然有人说道:"像游泳池。"

我说:"那你们本来计划的菜园呢?"

沉默一会儿后,杰杰说:"我们现在把它变成海洋世界吧!让水灌满这个大坑。"

大家齐声说:"好的。"那有什么办法让这个大坑一直能积水呢? 大家开始行动了起来,有的不停往大坑里灌水,杰杰则一直持续挖坑,让坑变得越来越大,经过大家的努力,海洋世界终于完成啦。

### ● 自我反思

让孩子们在玩沙之前先制订好计划,与同伴商量玩沙的内容,分工合作,养成初步的合作意识。今天玩沙的过程中,只有杰杰一人坚持在完成之前商量的任务,没有放弃。当玩沙内容发生变化,他能再次在实践中探索,去发现怎么样才能让水灌满整个大坑,并想到解决办法,其中有经验的提升。当我发现部分孩子开始被新的器具水管所吸引时,我主动引导他们去思考:如何改变之前讨论的玩沙内容,接下来应该玩什么?孩子们尝试用水灌满大坑的时候,遇到了问题,水会被沙子吸收掉,不能让水灌满大坑,在我的引导下,孩子们开始分工,有的继续加快速度挖坑,有的及时倒水,最终成功了。在今后的玩沙过程中,教师要观察仔细,及时引导幼儿按照原先讨论的玩沙主题玩,或根据现场情况进行调整。

### 【金丽婕:田鼠太太的项链】

对作品教学价值的分析:故事内容有趣,富有一定的生活哲理。教学中可以鼓励幼儿积极思维,大胆表达自己的推测,从而让幼儿具有辩证思维,并能从多个维度思考自己的经历和体验。故事通过田鼠太太的一系列行为通俗易懂地说明了这样一个道理:做任何事情都应该事先想清楚,知道什么才是对自己最重要、最需要去做的。

对幼儿经验能力的分析:对动物过冬存在不同方式,大班幼儿已积累了零星的认知经验,具有一定的分析、判断和推理等思维能力,可以进行简单的评价;大班幼儿也能运用已有的生活经验和认知经验,积极参与问题讨论,并对生活中一些事件和现象进行"对与错""能与否"的选择与判断。

对幼儿学习方式的分析:大班幼儿喜欢对故事内容与情节发展进行推测,思维也能比较自如地在"发散"和"集中"之间转换。所以,在故事教学中,教师可以适当运用开放式提问,采用多种方式来呈现故事内容,使大班幼儿通过倾听、问题讨论、模仿练习、自主阅读、小组交流等多种学习方式,感受并理解作品内容,在学习过程中获得各种体验,积累语言学习的经验,激发语言学习的积极性、主动性和创造性,成为"快乐的、主动的语言学习者"。

● **自我反思**

有效的集体教学不仅需要教师教学前的精心预设,更需要教师教学中的灵活执行,还需要教师教学后的及时反思。本次活动带给我的体会是:

1. 精心预设意义重大

由于对教材解读比较准确,对教材的修改、补充合理都达到了预设的目的,以文学作品熏陶幼儿美好情感,促进幼儿语言思维发展的主要功能。故事开头和结尾部分内容的添加,较好地帮助了幼儿从不同角度选择"喜欢还是不喜欢田鼠太太",或者"有点喜欢和不喜欢田鼠太太",使幼儿根据自己的喜好,有理由地进行"选择",从中也有效地激发了幼儿美好的情感:对角色的喜爱、对角色的认识,进而尝试如何辩证地评价角色。

2. 教法探索成效明显

在大班幼儿故事教学中,我改变了以往"以听为主""听—讲—听"等教法,采用"倾听—讨论法""看听讲做结合法",有效地激发幼儿语言学习的主动性,也有效处理好了"教"与"学"的关系。

在教学中,我采用的"阅读观察""插问讨论""多向交流""角色体验"和"争论选择"等方式,使幼儿在"倾听"(输入)故事内容中积极"表达"(输出)自己的经验和理解。大班幼儿在故事教学中自然地"输入"和"输出",并有更多的机会进行观察分析、推测想象、判断推理,因此教学方式体现了一定的实效性。重在关注幼儿表现教师在教学预设中要关注幼儿的学习方式。考虑幼儿可以用什么方式进行学习,而在教学过程中,则应该更多地关注现场幼儿的各种表现,特别是关注和尊重幼儿的认知经验的表现以及每个幼儿学习中的差异表现。在教学中,我能运用多种方式与幼儿互动,能关注并满足每个幼儿的表达愿望,鼓励并尊重每个幼儿的自我认识。

从以上两个案例中,可以看到教师进行了细致的自我消化与分析。教师的自我消化是有一定深度的,能够看到一些问题,但同时也是有局限性的。教师自我消化中更多地看到的是自身做法的合理性与适切性,却看不到其局限性。对于"自身支持存在什么问题""怎样可以更有效地回应幼儿需求""还可以如何优化调整"的思考是有所欠缺的。成文或许能够帮助教师梳理自己的想法,但无法直接拓展、提升其教学反思力与专业支持力,教师在成长的道路中需要更多的引领、支持。

### (二) 经验反思,缺乏灵感碰撞

教师反思常常会围绕热点话题和当下主题活动展开,因此常常可以看到聚焦同一话题却有不同思考的好文,而撰写教师却不自知。当我们都对此感兴趣,当我们对于这一话题都有话可说时,恰恰是"教研"开启的最好契机,于此,只是将彼此的思考收进档案便有些可惜了,我们期待能通过一种机制,让彼此"被看到"。

## 【李臻:变色龙】

变色龙有一种其他小动物都没有的本领,就是它能根据周围环境的颜色来变换自己身体的颜色,从而保护自己不被别人发现。变色龙的这个特殊形象和它特有的能够变色的习性对幼儿而言充满了好奇。

小班幼儿喜欢鲜艳的颜色,但在涂色方面的能力相对比较弱。将原本单调而枯燥的涂色活动融入情景游戏更能吸引幼儿的参与。活动的一开始,我借助贴在玻璃窗上的透明变色龙,吸引幼儿,并通过变色龙躲猫猫的游戏情境,让幼儿选择喜欢的场景颜色来为变色龙涂色。幼儿在选择、对应、涂色再对应的游戏活动中,让幼儿在玩中自然地习得涂色的正确方法,积累涂色的经验,感受游戏的快乐。

我们的"色彩节"是新实验幼儿园的一项独有的特色活动。"色彩节"中我们会根据主题穿着相同色系的衣服,并在此基础上进行涂鸦、敲印、滚压等艺术创造。融合色彩节特点，在请幼儿为"变色龙"变色前，我也分了四组，红粉、橙黄、淡蓝深蓝、淡绿深绿，让幼儿自行选择喜欢的颜色为变色龙变变变，能够激发幼儿创作兴趣，也更便于幼儿的操作。

总体而言，我觉得我的这堂活动还是比较成功的，幼儿都能根据自己喜欢的颜色为变色龙变变变，在教师言语的提醒中幼儿出现小白点的情况也比较少，并能根据颜色贴到相应的情景中去。而在两种颜色的衔接上我们可以再加强指导，使效果更好。

### 【张倩："色彩节"所思】

作为一个园本特色的活动，"色彩节"融合了幼儿喜欢的诸多元素：靓丽的颜色、有趣的玩具、好吃的食物、欢快热闹的氛围，孩子们在其中感受到的不单单是颜色，颜色可以带给孩子更多具象感受，更是激发孩子对生活、对自然、对集体的热爱。

一周的"色彩节"活动之后，我又有了一些新的想法和感受，当下予以记录以便在下一轮活动中创新运用。

关于选色：可以提供更多颜色，紫色、粉色甚至黑色，此次活动中当我询问幼儿：你最喜欢什么颜色？幼儿说：我最喜欢"白色"，就是雪花的颜色。说得可真好！但是由于时间限制，我们无法将幼儿的想法融入"色彩节"活动开展中，如果能将"色彩节"延至一周半，那我觉得还可以加上"黑白节"，"紫色节"等。这些我们认为冷僻的颜色，在孩子们感知中并不陌生，加入这些颜色反而能激发孩子们更进一步感受颜色、表达表现。

颜色的想法与灵感：将尽可能多的活动带到室外，可以结合运动、散步,在幼儿园各个环境中渗透感知颜色的活动。比如"黄色舞动日",可以戴一些飘动的彩带、手帕、围巾等,感受春风拂面的亲切。而"黑白斑马日"的话,可以考虑在室外活动和"影子"结合,室内活动中了解一下黑白的动物。另外,"粉色日"可以结合幼儿园中开放的花朵,樱花、垂丝海棠、紫玉兰等。这种颜色不只是颜料,五感体验能够带给孩子更丰富的颜色体验。以下为举例参考。

1. 红色品尝日:选择红色食物是个很好的切入点,并且能够鼓励幼儿尝试"酸"的味道,赋予红色更丰富的感受。

2. 绿色寻找日:在春天切入绿色节,寻找各种绿色的植物和新芽,感受春天的蓬勃朝气,理解绿色给人带来的希望。

3. 黄色舞动日:选择黄色会飘动、舞动、飞的物品(帕巾、塑料袋、纸飞机等等),在动态体验中感知黄色的灵动与活力。

4. 粉色、紫色梦幻日:可以放在3月底,结合春天开放的花朵,理解粉色的美丽温婉又让人陶醉。

5. 黑白狂欢日:戴黑色的装扮物品,帽子、领带,穿白色衣裤,感受黑白搭配的炫酷。同时也可以借助一些配色实验帮助孩子进一步理解、感受色彩中黑白两色的特别。也可以结合动物花衣主题,和孩子们一起找一找自然界中黑白两色的动物,组织一场动物狂欢日,扮演一个黑白皮毛的动物。

"色彩节"的时间节点:可以考虑将色彩节和其他主题活动结合,比如在白天黑夜活动中结合"黑白节","小兔乖乖"结合"红色节"、"蓝色节",春天之后结合"粉色节"、"绿色节"。一方面拉长了节日时间,另一方面也可以将活动开展得更加丰富,对于色彩的感知更为生动,也不会在一天中急着将活动填塞，效果可能会更好。

这两篇反思聚焦了同一话题"色彩节"，李老师、张老师梳理了活动中的好经验、新想法，通过反思将其记录。可以看到，两位老师思考的角度是不同的，如果彼此能够读到对方的想法，一定可以带给自己新的灵感。此外，其他老师是否也会关注这一话题呢？后续的小班老师是否也会很希望阅读到前人的经验与思考呢？可惜的是，目前两篇反思收入档案后，就没有了读者，彼此的灵感未能获得碰撞，一场有趣的对话就此错失了。

### （三）教学反思，未启共享之门

这类反思需要深入的思考，基于长期的积累与实践，对教育有深刻的理解而形成。既表现了教师处在这一阶段对教学内容的敏锐认知，也是为下一阶段更好地把握教学规律，提高教学实效的深度反思。而这样的反思不该只是被视作"任务完成"就放到一边，而应值得共同探讨与学习，相互交流观点，以汲取更广泛的智慧，推动整个队伍在教育理念、方法上的不断创新与进步。

### 【徐文怡：幼儿律动活动中自由表达与技能发展的平衡与思考】

在创造性艺术的引领下，我们开始重新思考律动活动对于幼儿的价值。舞蹈不再是教学的终点，我们更加明晰儿童表达内心情绪、感受的方式。由此我们开始强调弱化目标导向，更加关注幼儿的过程体验。在活动中，教师尝试退到孩子身后，给予他们充足的自主表达空间。但在这个过程中，我们又开始迷茫，当孩子沉浸于自己的方式尽情地舞动时，如何获得发展与提升;当教师退后到完全不干预孩子的表达表现时,集体活动中的作用又在哪里?

在这个过程中,教师必然要有所为,才能真正通过集体活动引领幼儿的成长,但与此同时教师应当把握其中的度,指导的同时又不约束幼儿自由地表达、表现,其中的平衡甚是考验教师的功力。

1. 自由的表达表现亦有清晰边界

在活动的设计与实施中,我们常常会犹豫。当我们关注、肯定孩子每一种表达形式时,孩子完全抛开音乐随意乱舞怎么办? 孩子跳着跳着,成了满场乱跑又该怎么办? 在我们实际教学中,我们确实遇到了这样的困扰。在音乐活动"黄色狂欢节"中,我们把目标设定为大胆、自信地表达,以多样的方式表现。活动结束时看似目标已经达成,但回过头看,我们发现孩子从第一次舞动到最后一次舞动并没有发展,甚至当老师投放给孩子更多样的材料时,孩子们就乱成了一团,随意地跑动、敲击反而弱化了前一环节中已经出现的丰富的肢体动作。这样自由的表达表现真的是我们所期待的创造性艺术活动吗?

在后续的研讨中,我们重点探究了这一问题。在探讨过程中也逐步明晰了自由的界限,律动活动,其"纲"在于音乐。因此,在活动过程中应当时刻引领孩子去聆听音乐,并跟随音乐表达、舞动。对于低龄的孩子而言,捕捉音乐节奏并不容易,此时教师需要有更加敏锐的观察力,及时发现有所优势的孩子,并通过展示分享、共同尝试帮助孩子逐步明确音乐的意义。此外,在认同孩子每一个自发的动作表征的同时,我们应当帮助孩子理解,舞蹈的初衷不在于让身体疲惫,而是能够表达音乐当下带给自己的心情与感受,由此逐步帮助孩子减少无意识地跑动、跳动等动作,建立音乐与动作的联系。

**2. 丰富的表现形式源于前期积累**

早期的舞蹈多数起源于劳作生活,人类将生活中最熟悉的经验重新编码输出再配以音乐,逐步美化,从而发展成为人类的歌曲与舞蹈。幼儿律动表征同样经历这样一个过程,其丰富性与其前期所获得的经验有着密切的联系。

丰富幼儿的直接经验能够让幼儿在自主表现时有更加丰富的素材,丰富幼儿的自主表现意象从而丰富律动动作。间接经验的积累则能够帮助幼儿拓宽思路,丰富其抽象表征的方式,进一步提升幼儿对于美的感受。两者对于提升幼儿律动表征均有着至关重要的作用,作为教师我们应当明晰它们的意义,并关注孩子前期经验的积累。如《秋天》歌曲的律动表征前,可以带着孩子一同去欣赏真正的落叶,发现每一片落叶不同的姿态,可以和孩子一同欣赏绘本《落叶跳舞》,以模仿趣味的画面中的落叶姿态进一步丰富孩子的动作表现。教师有所侧重地支持,能够让孩子在后续的律动活动中围绕主题更加自如、自信地表达。

**3. 适宜的师幼互动促成自由与发展的平衡**

首先,教师应当明确自己邀请每一个孩子上台的分享点,通过观察挖掘其中最利于孩子学习的核心音乐素养,并通过语言描述,强化幼儿对于核心内容的感受。其次,教师自身也是孩子很好的模仿对象,我们不能因为强调尊重孩子原生态的表现,而遗忘了教师在一旁的不可取代的作用。教师在活动中的示范是必要的,但有所区别的是教师的示范并非教师预设的标准动作,示范的素材源于孩子的表达表现。同时,教师在模仿的过程中可以自然地把孩子的动作做得更到位,把节奏点演绎得更加稳定,以更成熟的动作带给孩子更高的审美体验,隐形地支持孩子在自由的表现中有所提升。

创造性的艺术表现,强调孩子的过程体验,强调孩子自主、自由地表达感受,也同时强调孩子的发展。平衡自由与发展的关系,是教师永恒的课题。智慧的教师,在无形中给予孩子指导与帮助,用智慧的方式支持着孩子在自己独有的轨迹上稳步向前。

## 【徐行:由课程方案引发的思考】

当我园的公众号按计划发布了两三周的时候,幼儿园负责公众号推文制作的青年教师在我们的智慧教师微信群里发布了"新实验幼儿宅趣事实施方案"。方案一经发布,我有些吃惊。文案思路清晰,逻辑严密,还提供了图示来表明动态的流程机制。看着这篇既翔实又简洁的方案,我突然发现,青年教师对课程方案的思考,恰恰是课程领导力的"生长"。

### 我揣摩——她的深思熟虑

1. 对"课程目标"的解读

我园会运用公众号定期推送各种活动,幼儿宅趣事方案主要针对班级层面教师收集幼儿宅家生活素材的指导,然而,在文案的开头部分就呈现了我园的课程理念。这熟悉的课程理念并不是简单地从原有的课程方案中复制粘贴,而是根据"关注幼儿的日常生活",联系到幼儿当下的居家生活,分析如何"构建幼儿的可能生活",提升公众号推送内容的价值内涵,使之"展现富有童趣的成长点滴,体现日常生活背后教育的价值,为家庭教育提供示范与指导,使我园课程理念渗透到家庭教育中"。

2. 对"协同他人"的理解

在文案的末尾处,贴心呈现了"疑难杂症问题与回答"板块。我想,由于每一期的公众号制作不是依靠某个老师单独完成的,而是需要大家共同收集素材、协同工作以后才能出现更好的图文效果。"人多力量大"的同时也会出现想法和做法杂乱无章的情况。罗列出几个最突出的问题,可以帮助大家明白在具体的操作过程中遇到问题时,我们该怎样避免问题、解决问题,使公众号推文制作和运转流程更加顺畅。这样的思考不正是作为课程领导者的"主动协同、影响他人"的体现吗?

## 我尝试——课程方案的设想

而我作为幼儿园保教工作的负责人,此时对课程实施的思考明显落后了。在向家长推送活动的时候,我只是想到幼儿会喜欢哪些活动体验,家长最愿意接受哪种方式交流,而丝毫没有思考在目前居家为主的情况下,幼儿园的课程方案应该怎样进行整体的架构。

1. 对"课程目标"的再解读

在课程领导力思想的引领下,我着手设计我园的课程实施方案。一份完整的课程方案包含目标、内容、实施和评价这四大要素。我认为我园现有的课程目标:善运动、好探究、会合作、乐表达,这四个词语形象地表述了我园的培养目标,所以幼儿宅趣事方案中可以将公众号的栏目分为:我运动身体棒(运动趣事)、家里事一起做(合作趣事)、我好问我发现(探究趣事)、听我说看我做(表达趣事)。这样的标题分栏不仅能将幼儿宅家的活动清晰地分类,更是对我园的培养目标进行了很好的诠释。

但仅仅有培养目标是不够的,这套方案主要是利用网络平台开展课程,主要的方向是要让教师理解当前的课程实施方式,并能够主动设计课程内容。结合课程实施方案"编以致用"的动力,体现面向教师、面向实践和面向问题,我在拟定课程目标之时,特别提出线上课程目标:创新实用、科学育儿、领域均衡、凸显特点。虽然这些目标可能在表述上存在不足,但是至少我在思考课程目标的时候考虑到了课程的实施者是教师,以及作为间接实施者的幼儿家长。

2. 对"协同他人"的再理解

课程实施方案需要得到全体教师的价值认同,能够对教师的课程实践形成具体指导。而我的构思只能做到对方案整体进行架构的层面,具体的实践内容需要得到各板块负责人的支持。当我将这份搭建好基本框架的课程方案向我园的项目组组长,也是课程推送主要负责人介绍的时候,并没有得到多少的肯定。

我想,首要的原因还是自己对课程方案的认识不够,依旧无法对教师讲清楚课程理念、课程目标与培养目标之间的关系。确实,我在撰写的过程中,很难把我园课程方案现有的核心思想梳理清楚,更难以明确目前线上实施课程方式的目标价值。其次,要求教师从课程的执行者转变为领导者需要创设环境,需要为教师营造氛围,而不是通过简单地布置任务就期望直达结果。看来,要成为"主动协同、影响他人"的课程领导者,我们还需要进一步思考该怎样为教师营造富有营养的环境和土壤,促进教师的专业成长。

我们的思维方式总是那么单一,要么自下而上,先做起来再说;要么自上而下,布置任务传达要求。而真正有计划有目的地实施课程应该是双向的互通与互动的。课程方案需要顶层的思考与设计,同时需要了解课程实施对象的需求,以及课程实施过程的感受。只有当课程方案的不断完善形成有效的运作机制，才是课程领导力的体现。

以上两篇反思便是如此，教师能够基于实践问题展开分析、思考，有一定的理论深度与前瞻视野。但这样的反思需要以制度支持开启共享之门，以促进园所整体学习与发展，同时教师自身也能在交流中进一步开阔视野、启发思考。

## 二、知反思有对话

对话是促进反思的有效途径。在前期访谈中，我们了解到，教师期待每月撰写的月反思能够得到反馈意见，期待在"月反思"中的所思所想能得到对话。于是，为了响应大家的需求，提高大家反思的积极性，更好地推动教师持续反思，我们成立了"对话组"。对话组成员由课程领导力核心组成员同步构成。9名成员分成3组，每组3名，教师的月反思由园长随机发送给3组对话组，3组对话组成员共同阅读组内发到的教师月反思，经讨论后形成书面的对话内容发送给教师，并通过非正式访谈了解教师收到反馈后的思考。

### （一）支持行动，对话机制初探

### 阶段一：以"点"切入

从细节出发，针对教师分析问题、解决问题的视角与思路，和教师展开对话，为教师问题反思、专业发展提供专业引领与支持。

### 【朱思涵：初遇"图式"】

第一次接触"图式"这个词，我挺疑惑的。经过阅读，我了解到图式的概念。"图式"一词通常用来描述重复的行为模式。这些模式在婴幼儿的游戏和探索活动中常容易显现出来，是婴幼儿探究和表达他们发展中的想法和思考的方式。

关于幼儿"乐此不疲"地扔东西、在沙发上爬上爬下、反复地躲藏等行为，也曾让我们感到困惑。读完《认识婴幼儿的游戏图式：图式背后的秘密》后，我豁然开朗。幼儿的这些重复性游戏行为看似无聊，实际上展现了他们正在发展的"图式"，体现了他们的思维水平。

幼儿正处在学习各种技能、发展各种能力的重要阶段。出于探索的需要，他们常常会表现出一些固定的思维和行为模式，反反复复地做一些重复的事。平时一直说小班的游戏行为大多都是重复动作，比如喜欢把一个娃娃家的玩具搬到另一个娃娃家中，喜欢把娃娃家的食物都放进锅或小盘子里，喜欢把积木搭高再推倒等。在小教研中，通过对"什么是图式"的学习，我对小朋友在这些重复动作中可能出现的行为和反应，观察并理解得更明朗了。

常见的图式有八种，其中第一个引起我注意的是"搬运图式"——自己在不同的地方移动，把物品从一个地方移到另一个地方，如把物品拿给成人或用袋子和容器来回搬运物品。小班幼儿喜欢把一个娃娃家的玩具（餐具、食物、娃娃等）搬运到另一个娃娃家中。我想到新生九月刚入园时，虽然玩具上都贴了标签，该放到什么位置都标注清楚了，但效果却甚微，还是出现一团糟的景象。每天放学后，我和邢老师都得把玩具慢慢归位整理。说起来我们都知道，小班的年龄特点就是这样的，喜欢把物品搬来搬去。但是现在我明白了，这是"搬运图式"，他们正在享受把东西搬来搬去的乐趣和满足。

看了"搬运图式",我对一些曾经发生过的情节有了不一样的思考。

情节一

早上幼儿来园游戏时,我们总会发现大多数小朋友都能很快选择一个自己喜欢的玩具,但是仍有个别幼儿会表现得"无所事事",好像对什么都不感兴趣。

我的思考:这个小朋友正在探索"搬运图式",他走来走去的行为本身就是行动的目的。"搬运图式"并不单单是将物品从一个地方移到另一个地方,也可以是自己从一个地方移到另一个地方。

情节二

轩轩推着娃娃家的宝宝车在教室里走动,这时一个孩子抱着娃娃走过去想把娃娃放进轩轩的推车里,但是刚刚放进去,轩轩就把娃娃拿出来,然后推着空车走了。

我的思考:轩轩推着空车到处移动的体验足以满足他目前的需求,将娃娃放进宝宝车里并不是他目前的兴趣,他目前的兴趣是推着车移动。

情节三

轩轩将自己带来的玩具车放进宝宝车里,推着宝宝车在教室里走动。

我的思考:随着时间的推移和经历的丰富,轩轩的兴趣发生了变化。他开始往宝宝车里放玩具,然后推着装了玩具的宝宝车移动,这时,他在宝宝车里放玩具和推着玩具四处移动之间建立了联系。

书中图文并茂地阐述了婴幼儿最常出现的八种游戏图式,运用大量案例告诉我们如何观察游戏图式,如何提供资源、活动以促进婴幼儿的思维和发展。我常常会觉得自己观察不到位,判断不准确。图式,提供了一种分析"幼儿处于发展的哪个阶段"的系统方法,有助于帮助我发现和预测幼儿的兴趣。

● **反思对话**

一口气看完,由衷感慨,和邢老师搭班以后,朱老师进步不少。你会根据你们学习的内容学会识别幼儿重复性行为的模式。你解读的三个情节,体现了你从看到幼儿的行为到理解识别他们的行为。我要为你的专业点赞。好巧不巧,我有你们学习的这本《认识婴幼儿的游戏图式:图式背后的秘密》系列丛书的第二本《观察婴幼儿的游戏图式:支持和拓展儿童的学习》。这本书里,提供的案例故事除了解读幼儿的图式行为以外,还分享了如何在现有图式的基础上拓展儿童的学习和发展。书中提到了当你观察到儿童表现出"搬运图式"时,作为老师,你应该进一步拓展他们的思维,比如说你列举的第一个情节中幼儿自身身体的移动的搬运图式,你可以提供婴儿车、手推车、婴儿提篮、小马车或者提供有拉绳的玩具,让幼儿从自身的移动拓展到对物品的搬运;又比如你观察到的情节三,可以发现图式与图式之间的关联,轩轩把自己带来的玩具车放进宝宝车里,在教室里走动,可以发现是搬运图式和轨迹图式之间的关联,需要我们继续密切关注。

了解图式后,我们可以进一步理解儿童的动作和行为,同时我们也需要思考如何进一步支持儿童并拓展儿童的兴趣。如果需要,我很愿意把我的书分享给你,当然,这套丛书还有第三本《支持婴幼儿的游戏图式:理解活跃的大脑》,朱老师也可以一并学习。

对话组成员共阅

### 阶段二:"点""面"结合

既全面又具体,有细节上的互动,也有整体性的分析引领。

### 【李慧:大手牵小手,一起来成长】

上海教育电视台推出了《一起来成长——亲子乐园》特别节目,为家长提供科学的育儿指导。我在观看了节目后,也是十分有收获的。它不仅给家长提供了育儿指导,也让老师有了"走出去看看"的机会。在观看了之后,我觉得有很多案例都能借鉴并且运用到自己的日常带班工作中。

第34集邀请了幼教专家上海市静安区南西幼儿园洪晓琴园长介绍了动、植物的养与种对孩子的成长有着哪些帮助和影响,令我印象深刻。

第一个视频是"饲养小刺猬"和"饲养蚕宝宝",静安区南西幼儿园的小朋友展现了如何在家和可爱的小动物一起和睦生活。这让我想到了,我们幼儿园"关爱项目组"之前,面向全园家长发放了一份关于在家中饲养动物情况的调查问卷。原来,接近一半的家庭都养了小动物。即使在没有小动物的家庭里,也有超过六成的小朋友想要拥有一只动物朋友。看来,这是大多数小朋友的心愿。在养了小动物的家庭中,有一半的家庭都养了乌龟,蝌蚪和金鱼也是非常受欢迎,根据家长的反馈,这些动物受欢迎的原因主要是养起来"简单方便、安全卫生"。同时,也有相当一部分的家庭饲养了哺乳动物——狗、猫和仓鼠,它们和人类的互动性更强,尤其是狗和猫,更能和孩子成为"好朋友"。【意识层面:"哇"时刻与之前的经验建立了联系;认知层面:结合项目组做的调查结果,多因素分析。】那么,怎样才能更好地通过饲养小动物去提升孩子的学习品质呢？我觉得:首先,可以通过布置小任务,培养孩子的责任心。其次,在饲养宠物过程中,引导孩子要学会保护自己(渗透生命教育)。最后,饲养小动物的过程中,引导孩子认识动物习性、提升观察能力同时发展关爱动物的情感。【认知层面：体现了教师的教育观中对全面育人、学习品质的重视。】

第二个视频是"郁金香成长记",展现了小朋友在家种养郁金香并观察、记录的过程。这也是我们日常一直引导幼儿去做的事情。在幼儿园大班,老师会通过分组合作的形式,提供工具材料,引导幼儿观察记录。和在幼儿园大班的幼儿不同,对于年龄小的小班幼儿,我觉得家长可以陪在边上一起照料。对于中大班幼儿,可以独自照料并记录成长册,用符号记录下植物生长过程,制作一本属于自己的《植物成长记》,通过记录同时还能让孩子建立起时间的概念。【认知层面：考虑了幼儿的年龄阶段和年龄特点。】

孩子在家里的种植、饲养活动,我们更要利用好线上的平台,去倾听孩子的交流,观察孩子的表现,同时帮助家长去做好孩子的合作者与支持者。和孩子共同探索更合理的方式,帮助孩子提高种植、饲养的能力和水平。【行动层面：有行动的意识，但是还没有落于行动。 建议教师可以选择自己感兴趣的点、结合班级情况，进行一次推进，并且跟进后面的效果。】

● 反思对话

**我看到的:**

有"'哇'时刻"的内容选择,即饲养小动物、种植植物,并能联想到关爱小组的科学育儿指导内容以及幼儿在家里开展的类似活动之间的紧密联系。

**我想到的：**

可以记录下专家对幼儿进行饲养、种植对幼儿的帮助和影响是什么。通过学习专家的指导建议，提升自己在这些方面的理性思考能力，然后再结合实际情况进行对应和分析，从而验证专家指导的价值。这样能够更好地将理论联系实际。

对话组成员共阅

**阶段三："面""面"俱到**

与教师深度对话，全面、系统地深入与教师对话他们希望探讨的问题，从反思分析、行动实践等多个层面与撰写教师进行交流。

### 【朱莉琰：孩子们的浪漫情怀——春天花花同学会】

看到你们对幼儿园的翘首企盼，我感同身受；

看到你们写给我"想见你"的愿望单，我感同身受；

看到你们在视频互动中有说不完的话，我亦感同身受。

那我，该如何做呢？

有一天晚上和孩子们视频互动，话题是：我找到的春天在哪里？有些孩子提早做了准备，念了古诗、作了画、养了蝌蚪、种了花。而在互动过程中，孩子们相互之间的小玩笑让我上了心——一位孩子的画里有小火车，有人问："小火车和春天有什么关系呢？"另一位孩子冒出来一句："这是一辆开往春天的小火车。"（当时听到这句话，觉得太浪漫了！你有没有这种感觉呢？）还有一位孩子画了一点儿小蚯蚓，有几条还在土里探出了脑袋，另一位顽皮的孩子看到以后说："要把你的春天一口吃掉！"（哇，你知道吗？这又是一句直击我心灵的童言稚语。）

视频过后，我久久不能忘怀，于是立刻在群里反馈今天的视频效果，并且把刚刚发生的有趣事也告知给所有家长听，同时希望他们可以及时把孩子们眼里描绘的春天记录下来，用孩子那天真的口吻记录并发给我们老师。

谁想，这不经意的一句话，家长们竟然都非常配合，一个一个地在群里接龙，把孩子们创编的诗句都写了出来。（其实之后我也反思，我应该是让孩子们用自己的声音说出来会更好）

有的说："春天从厚厚的，变成了薄薄的。"

有的说："今天就是春天。让我们跳一个春天的舞，唱一首春天的歌。"

有的说："我的春天在菜盘子里。"

还有的说："我的春天在小朋友亮晶晶的眼睛里。"

而我，难以掩盖激动的心情，把他们讲的每一句话，通过重组和微调，汇编成了一首散文诗；我又翻遍了他们在群里发过的所有照片、视频，制作成一个小视频，用声音、文字和图片记录下这一段小美好。

在这之后，又为了满足孩子们想要上幼儿园的愿望，我特地在值班时进行了云游幼儿园的直播；因为孩子们太想念幼儿园的沙池了，我们还把幼儿园的沙子给孩子们带回家，体验一把在家也能玩到幼儿园沙子的小游戏……

今年这个春天，是很难忘的，可是孩子们记住的还应该有和同伴们、老师们在一起的，关于这个春天的美好回忆。

春天,是绽放的季节,不仅花儿绽放,孩子们,也应该绽放。

● **自我反思**

在"在春天里"这样一个和孩子们的一系列互动中,我始终把这个主题的核心放在心里,同时有几点在事后也是有所思的:

1. 关于捕捉孩子在互动时的点滴

我想这说的就是课程思想力吧。不仅我有,我们班的家长也有,所以当我把故事原委和家长告知之后,家长们也觉得这会是一件特别"美好"的事情,于是纷纷响应,创编诗句接龙。**【教师主动围绕促进每个幼儿个性化成长与家长建立和保持积极地信息沟通,追求家园一直共同开展。】**

2. 为什么要在当天完成制作

我是这样想的,首先这是一个"生成"的活动,谁也没有预料到的。当家长都很配合地在群里这样接龙之后,我还可以做些什么? 不是说过就算完成了,这只是一个开始。我是否可以把孩子们说的这些话汇聚成一首完整的,可以有欣赏价值的东西呢? 所以当晚就熬了个夜赶了出来,当然,事后想来其实有进一步可以改进的地方。

3. 可以进一步改进的地方

之所以要用视频呈现散文诗,我的考虑是因为孩子们看不懂字,但他们会听,所以我制作成图片＋语音的方式,能够让孩子们既能看也能听。可是我后来想,如果能够让每一个孩子去说自己创编的那一段话,视频中插入孩子们的声音而不是我的,那代入感会更强烈,感受也更强烈,也会更童真和有趣。

4. 尝试把"开往春天的小火车"系列活动纳入本学年度中班的新增课程资源

其实我们不仅有这个生成的语言活动,我们还有一系列的寻找春天的活动,例如我的种植、我的春天在哪里、云游春天的幼儿园、DIY天气预报员等活动,都是属于这个系列的。**【班级课程和互动有趣且有意义,具有连续性、发展性、不同活动共同达成幼儿完整经验的获得。注重幼儿个体经验的积累和扩展。】**

- **反思对话**

**写在对话前面：**

打开这篇反思,就立刻进入了"对话式"的情境,也很喜欢朱老师使用的标注方式,能够让对话者很快把握到朱老师在撰写反思过程中关注的重点。写反思的人和看反思的人关注重点很可能不完全一致,用标注的办法能够让我们的对话更有效,真好!

**与"'哇'时刻"对话：**

反思重点记录了老师、幼儿、家长共同卷入,围绕"寻找春天"进行的儿童诗创编活动。活动的缘起是教师对幼儿在寻找春天过程中的讨论和表达有了"心动",协同家长,掀起了"及时把孩子们眼里描绘的春天记录下来,用孩子那天真的口吻记录并发给我们老师"的活动,家长对教师提出的这个活动也"心动"且"行动",很快就接龙了孩子的话,孩子的语言充满了创意,真实反映了春天在儿童眼里的样子。这些话语的汇集带给老师深深的震撼。老师后续使用照片、视频、制作成一个小视频,帮助孩子把创意、灵感和美好进行沉淀,留下定格,对活动进行了及时的反馈和支持。

**与"我想到"对话：**

教师发起的活动得到了家长的共鸣和有效支持，家长对此非常认同才会有如此的支持，这样的有效经验可以迁移到课程实施的其他方面。

用幼儿的声音剪辑的形式，能够让班级孩子欣赏到同伴的创意，这样对幼儿的学习与发展的确促进更大。建议用文字版和有声版同时在合集中呈现，虽然孩子现在不认识多少字，但是可以让孩子在直接听到的同时，也能感受语言文字的魅力。

教师进行了及时的反馈，当天就制作好了合集，这一行动也能让家长和孩子同时感受到教师的投入，有情感带动，能让班级课程实施得更好。

**与"我行动"对话：**

在后续行动中，将把"开往春天的小火车"系列活动纳入本学年度中班的新增课程资源，同时关注到我的种植、我的春天在哪里、云游春天的幼儿园、DIY 天气预报员等活动，都是属于这个系列的。能带着课程的视角看待活动。在这一次活动中，体验到了生成课程的实施经验。

对话组成员共阅

**（二）以人为本，倾听真实声音**

这样的"反思对话"试行一月后，反思者和对话者之间逐渐出现了各种各样的声音。

**来自教师的声音：**

*"每次都有三个人来看我的文章，我感觉压力好大啊！"*

"下个月我的反思给谁看也是规定好的吗? 我可以自由选择吗?"

"我希望我的对话者是来支持我的,而不是来监督我的。"

**来自对话组成员的声音:**

"我们期望借助教师反思这个抓手,是要提升教师的专业自觉性,提升教育教学能力,还是要老师每个月写好一篇文章?"

"教师的反思里,常常包含着教师的课程决策,聚焦这些课程思考的东西,是不是比聚焦写作方法更有价值?"

"批阅反思也很有压力啊,怎样的反思才是一篇好的反思也没有具体标准啊!"

"批阅反思感觉还是一个居高临下的视角。"

"现在反思是有人看了,但是老师并不'买账'——你没有支持到我,只是监督我。"

"反思是个人行为,老师需要的是得到动力,得到更多的力量。"

"从和老师对话的角度,会更加平等,对话就是给力量。"

"这个月老师的反思写好给谁看,也是规定好的,老师可以自由选择吗?"

"……"

由"反思"到"反思对话"似乎并不是想象的那样简单,它犹如在平静的河水里丢入的一个小石块,激起了不小的浪花,引发了人人关心和参与的协同思考:在提升课程领导力的视角下,教师反思制度背后的价值取向是什么? 我们要的是什么? 我们该怎么做?

在制度建设过程中,需要敏锐感知制度背后的理念与实际做法是不是逻辑一致,才能让反思对话制度建设始终围绕"以人为本",即助推教师成为课程领导者的初心服务。因此,倾听"每一个"的声音是非常关键的。而在提升课程领导力的视域下,"每一个"是指在幼儿园中的"每一个"课程实践者,包含课程制度建设的决策者及其作用的对象。对于对话组成员来说,三人一组的形式,是对每一篇反思对话持重视的态度,同时对小组成员课程实践与评价能力提升都有很大的帮助,但同时也被产出效率低的问题所困扰;对教师(反思者)来说,三人一组的形式可能无形中形成了一种压力,教师希望有更多的自主选择权。小组成员在落笔时,可能流露出评估的语气,与对话的初衷产生了小小的冲突。一个能激励教师主动成长的反思对话制度,需要更多增强发现教师和理解教师的视角,不断从"为了教师"向"支持教师"转变。

## 第二节 教师课程反思主动思变

从"反思"到"反思对话",是我们突破反思困境的一大步,但要深入求变,还"任重而道远"。好在用"反思"解决我园困境,从根源发现问题,懂得倾听教师的声音,是我们反思文化的一大优势。主动思变,我们还需再深入。

### 一、从反思中来

于是,针对大家集中反映的问题,在"反思对话"开展一段时间后,我们又开展了一次深入的访谈,收集大家关于此次变化的看法与建议,为深入求变探寻正确方向。

**问题一:您如何看待反思对话? 请回忆令您印象深刻的一次对话。**

- 李慧:印象深的是大教研后的一次反思。周老师很认真看我的文章,不仅后面有一段话,旁边还有批注:"这句是来自幼儿,还是来自教师的呢?"——给了我一个思考的启发。周老师先指出肯定我的地方:"有观察能力和反思能力的老师,能大胆把理论用到实践中。"被"表扬"了,我心里很开心。一个老师在写反思的时候,本来就是自己想了很多,想了很久。感觉辛苦劳动后得到肯定还是有价值的。不仅书面对话,面对面的对话也让我获益匪浅。比如,具体怎么处理? 我说说我的想法,她再说说她的想法。有看不懂的批注,还能当场问问她。再要用到这个案例写小结的时候,还会引用一些周老师的话。

- 刘凯妍:我和周老师对话的次数比较多。内容涉及对教室环境、对孩子的观察、碰到了班级里特殊的孩子,等等。周老师会给我一些建议,比如设计活动、活动区,支持特殊孩子发展等。周老师总是根据我的想法,和我对话,给我建议,对我的了解也更深入。周老师经验比我丰富很多,教育教学一直在前端、前沿。之前没有这个机制,不会想到把反思给周老师这样的专家看。开展对话机制后,有了这样的机会,就好意思"打扰"专家了。

- 徐文怡:我和小梅沟通对话比较多,相对于文本,面对面的获益更多。我也更喜欢面对面对话的形式,比如不同意时可以沟通,而不是单向的。如果是文本,实现多次的文本对话比较难。根据话题来选择对话者,对于我来说,作用更大的是过程中的面对面的交流,符合我的学习风格。

- 邢乃雯:我喜欢很平等的对话,能感受到对话者对你的好奇,不是指点。和周老师对话就是这样的体验,是观念理念的互通,她会问我很多问题,提出一些问题,激发我的思考,同时会发现,之前我没有想到过的角度,让我想得更明白,让无意识的东西变得更有意识。当实践后,遇到类似问题,我会去看之前的反思,或者要投稿时找出来。

> 观点梳理:反思对话让教师书写的时候有了一定的压力,从而有效指引反思质量的提升,同时对话反馈也让教师有认可感,进一步激励教师的反思输出;理论学习尽管比较高深,但是对于教师理念的改变有一定的引领作用,让反思的建构更加落地,协同学习促进教师更直观地成长。

**问题二:在反思对话方面,觉得自己有什么变化吗?**

- 李慧:不是每次都有变化。大概有一半。那些我自己认真写的,对话者也认真对话的,就感觉收获很大。完成任务的,也能收获一些,对话者总有一两句话点亮我,给我启发。
- 顾莉:对话机制挺好的,可以相互学习,相互探讨。和朱老师聊的时候,她提问把反思发给核心组成员,核心组是否能够给她提升,对核心组成员也是很高的考验。
- 刘凯妍:以前也会把一件事情写下来,现在有对话者对话,有小的建议,促进再思考,后续调整,有更多的智慧。在业务方面非常有提升:理念有提升,行动力、实践力也会有持续性的提升。我本身并不喜欢写文章,不知道怎么梳理清楚,这里怎么写? 第几段和第几段合一合? 再如,思的部分少一点,但是作为故事,还蛮有读头的。周老师对我的写作有很有用的点拨。如果是同伴,会写一些感受,可能会有一些小建议,但不会像专家这么点到位。

- 石凤梅:有对话机制后,我发现环境和氛围的变化。现在老师和老师之间,会更经常聊课程实践,聊反思这个话题:"你写什么,你想发给谁?"有了这样的氛围。

- 陶春明:的确也是需要从不同的角度,别人的角度,重新审视我自己的文章,我自己写得比较主观,需要有经验的老师,从不同的角度给我思路。

- 徐文怡:我在整理大家反思的时候,发现有明显的变化。去年开始后,一个学期的反思这么厚,反思质量很高,很多文章很打动我,思考的点、切入点、思考的方式很有启发。对话者非常投入地思考。整体质量是提升的。反思地图推出后,选点和思维方式有变化。以往更多是描述,现在有提炼、归纳,有自己的想法。

- 邢乃雯:我喜欢用文本沟通,不想跟人面对面讲话。被动地,更想自己看书,自己想问题。在这个机制推动下,我作为对话者,同时也是被对话的人,更愿意去倾听别人的想法。以前,会觉得别人讲得不对,没有太多的耐心倾听别人,关闭了自己的感官,现在我的感官会更加开放。在一个平台上,我遇到了一些伙伴,她们提供了很安全、很开放的表达氛围。安全的氛围是指,说错了不要紧。每个人的理念还是相差很多,那边想法差不多,有很多很多的老师,能力也强,智商、情商也高,阅读的东西差不多。有了渠道沟通,我会跟自己想要的沟通方式接近。现在我从对话者的角度,会学到更多。和不同的人进行了交流,更了解对方。提到交流的机会,跨班交流多了,协同他人也更多。整个氛围,变好了。我们目前还忽视了一个视角,那就是新教师。目前新教师有半日计划,由老教师写反馈,就有了很多反馈。现在基于反思对话,新教师在当中学习、提升,会有不一样的感受。

> 观点梳理:对于教师而言,寻找懂我、能够和我对话、对我有所启发、指导的对话者更重要,基于此他们会选择熟悉、互相容易沟通、有相关经验、对自己可以有所指导的对象。

**问题三:你们有途径知道别人怎么反思和思考什么吗?**

- 李慧:小徐给我看过一篇朱老师的,很认真的,可以在期末的时候,每个或者部分老师分享最获益的一次反思和对话。

- 顾莉:是不是对话者人员可以输入新鲜血液?我们可以增加一些对话者。

- 石凤梅:这里也涉及信任的问题,最安全、最舒心,也能给我启发。找一个"心有所属",信任她,能够得到建设性的建议,能支持我们的专业发展。当自己写得还不是很满意的时候,也不想发给周老师这样的专家看。

- 徐文怡:我会看大家上传的反思,好奇别人会写些什么,也想从中学习,挑一些我感兴趣的老师,会看到没想到的角度与独特的视角,更带情感,更接地气。另外看行文架构,看思维。

- 邢乃雯:我有时间的话,会去看。有好奇心,去看看。

　　观点梳理:聊天、期末分享、整理资料时,可以学习他人反思;喜欢看和自己角度不同的,聚焦于一个事情的,很长的反思,照片很多的反思类型。

**问题四:对于现在的反思对话,您有什么感受或建议?**

- 李慧:有反思对话,有一个外力,来"逼"一下自己,让自己认真对待,还能得到一些智慧的反馈,总是受益的。现在这样挺好的。

- 刘凯妍:劳模工作室里发的推文很好,可以随时点开看。

- 石凤梅:我希望能给我们充分的闲暇时间,现在没有时间思考,也没有时间协商沟通。

- 陶春明:建议有更多深入的对话。目前还是更多单方地提出,给到建议。有些也像笔友,有来来去去。如果固定人,更有探讨价值,可以更充分对话起来。

- 徐文怡:放开核心组,让每个人加入。有时候我们想对话的人,可能这个人不在这个组里。不是谁指导谁,每个人都有可能成为对话者。如果一时不能放开,可以弹性,能更加提高质量,把机制做得更好。另外,对话时下面的文字是不是可以省略,放到批注里?

- 邢乃雯:我需要对集体教学活动的反思能力有帮助的对话。我有时候上不好,不稳定,更多的时间在班级各种事务上。我还需要的支持和帮助:给我更多的时间,有时间去想我的班级。园方对教育本身的兴趣、组织的形成、组织的架构、机制等,影响你能不能去探究教育。

> 观点梳理:反思对话是有压力的;像笔友一样,可以相互倾诉;希望对话者的选定可以自由一点;希望能长期保持对话。

由上可知,历经一段时间的"对话",教师启发和获益颇明显。首先,对话者的认真让教师感到自己备受尊重,而且基于平等;其次,教师在对话的过程中产生对他人反思对话的好奇,会主动有意识地获知他人的反思;最后,反思对话是一个激励机制,它能"逼迫"教师把反思这件事情做好、做透。

不过,对于反思的形式或许还可以进行更丰富的拓展,比如除了固定的对话者,可以有机会让教师选择自由对话。

## 二、回反思中去

反思对话组之所以称"对话组"、"对话者"而不是评价者、监控者,是因为反思无对错,对话者与教师之间是平等的关系,在教师反思这一自由、开阔的领域,对话更能激起教师灵动的智慧。

痛定思痛,我们再次核定价值后,进一步调整了做法:9 名对话组成员各自成为独立的对话者,所有教师可在其中自主选择对话者,以进一步放大教师的自主选择权,并强化在对话过程中发现教师、理解教师和支持教师的视角。对话组成员如有"吃不准"的情况,可主动与其他对话组成员交换意见,并与教师共同探讨,让反思对话进一步向着助推教师成为课程领导者的方向来服务。

三人一组取消了,9 名成员都成为了独立的对话者,月反思对话这件事在教师中也越来越"热"了:"你这个月打算反思啥?""你这个月找谁对话呀?""我发了两个对话者,给了我不同的启发!"调研发现,互动中的情感支持在推动教师主动开展实践反思过程中起到了非常积极的作用。

**教师的声音:**

教师1:"我的对话者说,我是'一个心里有火的老师',我有一种被看见的感觉,很感动。"

教师2:"让我惊讶和感动的是,我的对话者对我的关注点也非常感兴趣,竟然用了一个下午的时间查找相关的资料文献,给了我很多好的建议。"

教师3:"对话者给我的感觉,始终和我在一起,时而倾听,时而肯定,时而提出中肯的意见。"

......

这些鲜活的、日常的、当下的课程实践和思考,现在每个月都有人"能看见",有人"愿意听",有人"可以懂",其背后是归属感、尊重和自我实现的深层次的满足。心被点燃,教师内在的力量被激发,有了动力,就有了源源不断的向前迈进的能量和勇气。

但只有情感支持还不足以助推每一个教师成为课程领导者,同时还需要倾听教师的需要,感知教师的实际困境,给予及时的关怀回应,进一步为教师增能。于是,我们开始使用在线文档,收集来自教师课程实践反思中具体情境下的问题,察觉教师的实际困惑,以期在反思工具打磨过程中、在反思机制建设过程中帮助教师及时解决这些困惑,或是共同思考,升级经验。

随着反思对话的持续推进、不断发展,为进一步提升对话的自主性和自由度,鼓励教师协同在反思中有共同话题或者有共同困惑的教师,形成学习共同体,开展深度对话,我们发现我们所做的还远远不够……

第三章
问题:让反思对话走出浅层化

反思虽然伴随着教师的课程实施全过程,但到目前为止,还没有专门的课程,没有专门的培训,没有清晰的指向,没有比较统一的话语系统供参考。感知到教师的实际困境,我们深知反思工具的重要性。所谓反思工具,是指用以支持实施反思过程的思维辅助手段、方式或方法。有两方面的作用:一是作为实现对自我和教学设计的反思方式;二是作为引导教学设计的思维操作辅助手段,通过恰当的提示或引导,实现设计思维的集中性、连续性和完整性。

因此,反思工具对于教师来说,无疑是一种强有力的支架,其核心是帮助教师塑造反思思维,为教师的课程实践反思增能。只有反思思维水平的实际提升,才能成为助推教师成为课程领导者的核心动力。

## 第一节　反思对话认识不足

有研究发现,幼儿园教师在开展反思时存在以下这些问题:反思面较窄、反思深度不够、缺乏对话支撑、反思的价值与利用率不高。依据前期开展的教师访谈结果,我园教师的反思也面临以上的问题。

## 一、反思关注面窄

反思不是一般意义上的"回顾",而是反省、思考、探索和解决教育教学过程中各个方面存在的问题,具有研究性质。教学是一门遗憾的艺术,而科学、有效的反思可以帮助我们减少遗憾,以写促思,以思促教。

### 【石凤梅:一则教学反思】

在学习于漪老师先进事迹的时候,于漪老师的备课方法让我深受触动:她在每次上课前都钻研教材,研究学生,把上课的每一句话都背出来,然后再口语化,争取在课程上做到要言不烦、一语中的。她说"老师的废话一多,学生就如坠五里雾中",于是她给自己留下"废话记录",来让自己学着精练语言。从教几十年,她始终保持着认真的态度对待每一堂课,每上完一节课,都要写一个"教后记",她会记录学生的闪光点、自己的不足,她说"我教了一辈子,一辈子在反思"。于漪老师的三次备课已经广为人知,她上一堂课要经过三次备课过程:第一次完全不参考任何书、教案、资料,全凭自己对教材的理解;第二次搜集各种资料,看名家教学设计、教材分析,同时不断思考;第三次是在上过平行班以后,总结经验,进行教学反思之后再备一次课。这都是我不曾达到的高度,也给了我"重重一击",让我感到无比惭愧。

于是,我再次反思了最近上过的集体教学活动,反思教学设计、教学过程和孩子的现场反应,以期对今后的教学有更多的帮助。

### "搓泡泡"教学反思

"搓泡泡"是小宝宝主题下的活动,是我自己设计的,目标是尝试用油画棒涂鸦画圆圈,在帮助动物宝宝"洗澡"的过程中获得情感满足。活动是这样设计的:引入故事情境,让幼儿回忆起洗澡时的愉快场景,激发孩子给小兔宝宝洗澡的兴趣;展示画画材料,引导幼儿用油画棒绕圈,表示给小兔宝宝搓泡泡,画直线表示水流。

这个活动的情境非常能吸引孩子,而且任务难度适中,几乎所有的孩子都很愿意画。画的时候孩子们主要呈现出以下几种表现:用蜡笔在纸上随意挥洒,画的范围比较大,没有精准地画在小兔子的浴缸里,也没有"搓"出圆圆的泡泡。这种情况可能是因为孩子画画的经验比较少,还处于最初期的涂鸦阶段,手腕和手指对画笔的控制不灵活;有的孩子理解了故事的情境,用白色油画棒在小兔身上画圈圈,然后用蓝色油画棒画直线形的"水流",画的时候他们还会说"我的肥皂是奶油味的""好香啊",加入了自己的想象。这一类孩子已经能够较好地用手臂、手腕、手指综合的动作来控制画笔,完成较难的"绕圈圈"的动作;还有少数的孩子,把任务理解成了给小兔子涂颜色,分析原因可能是他们在家中玩涂色的经验较多,有一些思维定式,加上在课堂中没有倾听老师的讲述,直接把涂色的经验迁移过来了。

针对孩子的不同表现,我该采取何种方式回应呢?这是我比较矛盾的地方,在活动现场,我考虑到,孩子们才刚进入幼儿园一个月,美术活动也才开展过一两次,现在最重要的是培养孩子爱画画的兴趣和好的集体活动常规,所以我觉得孩子怎样画都可以接受,都值得肯定。但是话说回来,这样可能导致活动的第一条目标"用油画棒绕圈圈"没有得到很好的实现。进一步思考,在我对孩子的经验和能力尚不了解的时候,这条目标本身可能就是超出他们最近发展区的。我真正看重的还是孩子能爱上涂鸦，爱上美术活动。

所以，我觉得应该从小事出发，向于漪老师学习，刻苦钻研，勤于反思，不断精进自己对教学和对儿童的理解。

在这个案例中，反思对象主要指向集体教学活动，且关注点主要是教师的主观判断，缺少更客观、全面的分析，也忽视了对师幼互动的分析，反思的关注面较窄，忽略了从整体的课程视角来思考问题。

## 二、反思深度浅

反思不等于自我检讨，它是在课程领导力视角下进行的批判性思维活动，其本质体现在，教师在课堂上扮演双重角色，既是演员，又是戏剧批判家。教师需要用新理念不断审查自己的观点和实践，在批判反思中构建自己专业成长的新平台。否则，我们的反思只能是简单的回顾和浅层次的检讨，没有触及灵魂，不能革新自己的思想观念。

### 【李臻:班级中的"纸飞机"热】

我班的"宝贝架"里投放了各种大小不同的纸张，有绘画厚实的铅画纸、薄薄的 A4 纸、漂亮的双面手工纸、裁成长方形的彩纸等。休息时，孩子们就随手就拿来折飞机，浪费了不少的纸，大大小小的纸做的飞机在教室中到处乱飞。为了满足孩子玩纸飞机的愿望，又保障游戏的安全，我在教室的一角设置了飞行区，设置了"20""50""100"三种不同高度的目标圈。这样调整以后，教室飞机乱飞的现象缓解好多，但纸张的浪费却依然如故。

一天，我发现班级中"宝贝架"上的铅画纸少了不少，心情有些郁闷，想质问幼儿的时候,就看到不少用铅画纸制作的纸飞机从面前飞过,随口就带着些许责怪的口气对着幼儿说:"谁让你们用铅画纸来做纸飞机的?"这一出口,幼儿们都用小心翼翼的眼神看着我。

我也冷静了一下,觉得自己的口气不好,换了另外一种口气来试探幼儿:"你们怎么都想到用铅画纸来做纸飞机呢?"

一个孩子跳了出来说:"铅画纸做的飞机重,能飞得更好。"

另一个孩子说:"它不太会坏。"

这些声音的出现,让我开始关注孩子们的"纸飞机"。我突然发现,孩子们的纸飞机各不相同,并非都是我当初教的简单的尖头飞机,有的孩子的飞机的头部进行了翻折,加重了机头的分量;有的孩子的机翼不是折到底,而是在中间对称折,力求飞行时能平衡;有的孩子在机尾进行了凹凸折,增加了美感;有的孩子为了加重飞机的重量,做了双层飞机;有的孩子为了能飞过小圆圈,制作了小小飞机……看着这些飞机,我心想这不就是一种自主学习吗? 孩子们通过不断的制作,不断的试飞,不断的改良,将自己的飞机变成自己心目中最棒的飞机,这种不断突破自己的精神,不应该得到支持吗? 于是,我参与到他们的游戏中,在网上收集一些孩子能操作的飞机制作示意图,并与孩子们一起制作,一起试飞,激发制作更好的兴趣,孩子们确实又被调动起来。这个时候我的搭班张老师也给了一个建议,是不是可以将孩子们自己制作的飞机命名并展示出来,例如"飞得最远的飞机""飞的时间最长的飞机""最牢固的飞机",等等。

虽然是个小小的事件,却让我看到孩子们的无限可能,这也许就是做老师的乐趣吧。提醒自己,不要错过孩子的每一个小小的创意,做好孩子的支持者。

在这个案例中，反思主要围绕教师发现的一个热点展开，教师是如何简单支持幼儿继续游戏的，更像一篇教学随笔，"思"的味道有些不足。

### 三、反思缺乏对话支撑

反思本身就是一种对话——与史对话，与事实对话，与他人对话，与自己对话。所以反思不能局限于个体，还应该有同伴的参与和合作。一方面，反思是建立在证据基础之上的，他人的反馈是个人反思不可缺少的资料来源。另一方面，实践性知识作为一种隐性知识，必须通过共享、外化、组合才能得以内化、转化和传播。个体行为不仅受个体内部条件的影响，而且受群体环境的制约，正是群体与成员间的相互作用与影响才构成了群体行为的动力场。在这个动力场，个体的角色和群体的角色相互发生作用，产生巨大的智慧。合作于其中能使自己从各个角度获取反馈信息，促进反思深入有效地进行，取人之长补己之短，从而在合作反思中进步，在互补共生中成长。

### 【张倩：让我伸开双臂拥抱你】

近日有幸参与了"影子计划"区融合教育项目组，在周念丽教授以及特教老师的领导下，我们进一步学会观察、理解、接纳这些"特殊的孩子"。

#### 接纳

我是一名老师，一名幼儿园老师，一名新小班的幼儿园老师。平时一日生活带着27个孩子，眼睛里不能落下一个。工作时间中我的神经紧绷着，嘴巴没歇息过，双手更是没闲过。这当头，班里进来一位特殊情况的儿童，他发育比较迟缓，不会说话，自理能力较差，情绪不稳定。作为老师，我充满了焦虑：其他孩子怎么办？如何带这个特殊儿童？

周念丽教授的一席话听得我心生感触。这样的孩子本身心理年龄也就一岁左右，你用不适宜的办法去帮助他、催促他，本身就是一种伤害。你如果能够眼中有他，真的把他当作一个一岁的孩子，那你就不会着急、不会忧虑、不会有这么多怨言。真心接纳孩子才是大爱，你接纳了，班里孩子们自然也会接纳他。

## 压力

每次带着这位特殊儿童，时间就好像静止了。他处处需要你手把手教授，你一遍一遍重复着简单的指令，可他依然不理解，也做不到，这让你再也没有时间余力去顾及其他孩子。这种压力在带班中就会变成不耐烦、着急。老师好像无头苍蝇，忙得团团转，却又收益甚微。这些压力难道只能老师自己背？

教育是一个不可分割的整体环境的反馈。我们应该有多种策略，多元帮助孩子得到更多的进步和发展。首先，动员家长，将幼儿在园自理生活内容同步告知家长，让家长一对一帮助强化；其次，动员班里的孩子帮助他、爱护他，把他当作我们的小弟弟，正面引导如何进行关爱、安全的共同游戏。

## 策略

爱是最好的包容也是最好的理解。首先以安抚幼儿情绪为主，稳定的情绪才能让孩子愉悦并尝试跟上班里节奏，这需要教师与孩子努力建立安全的依恋关系，并营造和谐的班级融合氛围；其次要尝试找到幼儿感兴趣的地方，发现孩子的擅长领域，以长带短。另外，指导要符合幼儿年龄特点和发展水平,比如动作加简单的词语能便于孩子理解并反馈。

开学两月有余,这位特殊小朋友天天开开心心来园,安安心心回家。希望在我们几位老师的帮助下,他能有所进步,逐渐真正地融合进我们温暖的小三班。

融合,不只是说说而已,我们努力践行,探索前进。

从这个案例中,反思内容缺少交互,思维的碰撞往往可以更深入问题的本质,也能让更多的观点被看见。

### 四、反思的价值与利用不足

情感是反思的动力,反思的效果在很大程度上涉及教师主体"愿不愿"反思,反思必须经历由反思情感的激发,反思行为的践行,才能过渡到反思习惯、反思技能和反思自我。只有把反思变成教师的情感需要,教师才会通过长期的情感内化,有目的地控制自己的教学行为,把反思与专业成长联系起来,使反思价值成为自己专业发展的组成部分,成为对教学怀有责任感的人格自觉反思。

### 【李慧:玩沙游戏对学习品质发展的反思】

这个月,我们进行了玩沙游戏的最后一次研讨。上学期关于玩沙的课题结题后,10月我们幼儿园又申请了区级重点课题"基于玩沙游戏培养幼儿学习品质的案例研究"。

在学期初,我们先完成了班级每个幼儿的年龄段评估。这次,在2名老师们的交流分享下,我们总结出了日常用的两种统计方式——柱状图、雷达图等,让老师一目了然地知道幼儿的水平,看出每个幼儿的学习品质的特点、哪方面比较优秀。用比较直观的表格评估出幼儿上一学期学习品质的等级,小班幼儿由于刚进园,大多会停留在重复摆弄、练习、探索材料的程度,抗挫性这方面比较难评估。

如何从幼儿的玩沙游戏中看出他们的学习呢? 这次我们选用案例研究的方式,凸显出老师的指导性,故事是我们的素材。旨在培养幼儿的学习品质培养。当然,幼儿学习品质弱的地方最适合撰写学习故事。学习品质我们总结的是6个方面(兴趣性、专注性、坚持性、创造性、抗挫性、探索性),我们的角度不仅仅局限于幼儿的一个学习品质,而是要综合看待,放大优势,支持发展相对较弱的方面。我觉得,老师的观念需要改变,以前我们老师更多的是观察,然后记录下幼儿的行为和闪光点。那么,我们的切入点是幼儿行为的发生,老师的介入怎么体现? 当然,其实你可以什么也不说,作为一个老师你可以提供一些材料,通过材料的提供提升游戏的难度,看到水和材料的关系。当幼儿出现问题的时候,我们也可以提供材料来评判幼儿的兴趣点。老师的语言也是一种策略,其中暗示性的指导策略要凸显出来。

总之,在玩沙游戏中充分调动了幼儿的各种感官,孩子在游戏中不断地探究、不断地发现、并不断地变幻游戏的玩法。他们边玩边学,边学边玩,自己操作得出结论,他们不断地发现问题解决问题,人人都在"玩"中表现自己,发展自己,感受成功的乐趣。活动中,孩子的操作能力、创造能力、交往能力、语言表达能力等多种能力很快获得发展。下学期,我将对于幼儿学习品质弱的方面进行观察、对于不足的地方给予指导,培养幼儿的学习品质。

在这个案例中,反思缺少"真问题",存在"为了完成任务而反思"的情况。

## 第二节　反思质量支架构建

以调研教师基于课程实施开展反思的现状为基础,我们试图探寻提升基于课程实施教师反思质量的支架,以完善推进教师反思的机制,有效激发教师反思的动机与自主性,提升教师在课程实施中的质量意识,促进教师专业发展,提升课程实施质量,着力塑造教师的反思思维。

### 一、行动思考

思维是凭借知识经验对客观事物进行的间接反映。思维之所以有间接性,关键在于知识与经验的中介作用。教师的反思思维也一定是伴随着教师主体自身知识经验的丰富而发展和提升的起来。但同时,幼儿园教师也面临着信息爆炸的问题。如何在浩如烟海的信息中提取到对自己有用的资源;如何将这些资源、信息纳入到自身的知识经验中去,使之成为促进自我反思思维提升的"利器"。

《课程领导力在生长》一书给了我们重要启示——"学以致用,持续行动",即在课程实施的行动中去使用与反思,让它们成为促进幼儿发展的通道或桥梁。获得的资源或信息,在行动中学以致用之后,必然能促进反思水平的提高,提升课程领导力。如何帮助教师把"资源信息"变为"通道桥梁"呢?围绕项目研究,我们进行了进一步的思考和实践。

## 二、实践路径

我们将现有的信息资源分为工具类和非工具类。工具类包含各类监控指标、《幼儿园教师课程实践反思框架》《教师反思导引》等；非工具类包含来源于书籍、杂志、网络、报告等能促进教师思考的信息资源。

### （一）工具类信息的利用路径

1. 园内监控工具

园内各类监控工具为教师反思提供了直接的思考角度。但教师们在使用考评工具时，对工具的理解和使用存在一些差异与问题。我们需要帮助教师解读这些工具中教师不够明晰的点，并提供再次使用的机会，逐渐形成共识，使之逐渐纳入教师的自评体系中。

2. 教师反思导引

在第二轮课程领导力研究过程中，上海市教委教研室推出了《幼儿园课程领导力评价指标》的重要研究成果，围绕课程要素，从课程思想力、课程设计力、课程执行力、课程评价力四个维度描述了课程领导力水平。这四个力各自独立又相互关联，综合存在于每一个课程主体的思考和行动中。《教师反思导引》是直接提供给班级层面教师的支架，我们便以"四个力"为主要维度探索《导引》的架构。具体路径为：

第一：对《幼儿园课程领导力评价指标》进行学习——纳入园本培训议题，鼓励教师在实践中使用并给予反馈，加深对其中内容的理解。

第二：对《幼儿园课程领导力评价指标》进行块面微调——纳入园本培训议题，对其中大块面或小条目进行增减微调，调适成一线老师在日常实践反思中的核心需要。

第三，收集教师在教育实践中的反思案例片段——纳入领导力核心组议题,对调整后的块面及条目进行匹配,辅以鲜活例子,形成《教师反思导引》(产品)。

### (二) 非工具类信息的利用路径

非工具来源于书籍、杂志、网络、报告等能促进教师思考的信息资源。如何让个体将获取的信息在群体中有效共享,我们建立了"课程实践信息资源库",教师可按关键词、日期进行快速定位和搜索。放入信息资源库中的资源和信息,围绕原本培训、大教研、小教研、课题、项目等研讨的话题所涉及的核心信息,推送时会简要说明推送理由,提示资源价值;呈现方式适合不同学习习惯的老师,既有文字,也有视频,还有讲座等;教师不仅可以学会检索信息,还能形成共同愿景,主动在认知层面进行自我提升;建立在线资料库,为教师提供幼儿园层面的支持,有利于园所工作的顺利开展。

# 中编：探索与实践

## ——反思对话的实施策略

问：反思如何做？

教师1：我们要用长远的眼光来看反思，需关注课程中与时俱进的调整，关注到幼儿心理发展、情绪管理等。

教师2：反思是对内驱力的要求，有时候反思是很直接的经验的反馈，从孩子的反应、神情就会知道哪些是难的或者设计上有问题的。

教师3：需要经验的累积与理论支持，需要交流互动、教研，考核时有参照物，可以提供一些模板、典型样例。

教师4："拐杖"的设计一定是个性化的，适合不同的老师。工具最好是系统性和随机性相结合，有一个及时的反馈平台：如线上答疑、论坛，最好匿名，每个人可以有自由发言权。

如上篇所述，教师是课程实施的主体，其课程反思的质量影响着课程实施的质量、决定着幼儿园课程理念、课程目标的实现情况。呵护教师反思的主动性，提升教师的思想力是本项目的重要目标。因此，提供有效的支持策略，解决教师课程反思的"卡点"，既是寻找工具塑造教师反思思维的过程，也是完善我园教师课程反思制度与机制的过程。

# 第四章
## 理念：让教师成为反思型实践者

　　拨开现象看本质。一方面，教师反思能力是指在教育教学实践中发现问题、分析问题和解决问题的能力，包含判断、推理、归因、整合、独立思维、系统思维等多种思维能力；另一方面，教育实践中充满着价值判断，高质量的教育需要有思想的老师，需要教师具有哲学思维。可见，要促使教师持续自我发展，提升自我反思和自我评价水平的关键就在于从思维能力与哲学思维两方面塑造教师的反思思维，提升教师在发现问题、分析问题、解决问题过程中所进行的概念、抽象、概括、推理、判断等的思维能力，从思维的认知因素和非认知因素两方面考虑，探索有效路径，提高教师的反思思维水平。

### 第一节　明晰教师课程监控的价值，认同反思对话

　　反思对话，作为课程思想力的体现，课程实施评价的抓手，是从提升教师反思水平的"软实力"着手；而课程监控是从课程实施的角度，作为引领课程实践变革的核心动力，以充分调动教师的自主性，通过自主监控的过程支持每一个教师成长为课程领导者。二者互为关联，相辅相

成,共同推动着我园教师向课程领导者迈进。

所谓幼儿园课程监控,是指对幼儿园课程运作的各个环节,即课程决策、课程设计、课程实施、课程评价等进行监督、调控。目的在于获取与课程有关的信息,分析正在进行的课程中存在的问题,使课程得到改进,从而促进课程质量的提高。课程监控是动态灵活的,而且具有过程性、整体性。但若着眼于实践去挖掘和应用其价值,建立一定的课程监控指引非常必要。当有了指引,每一位参与其中的教师或将不再仅仅是一个被动的"被监控者",而是拥有自主监控的主体地位。这一点对于调动教师的积极性、主动性,凝聚教师的向心力,提升教师的课程领导力都非常重要。

## 一、重视课程质量监控

我园通过访谈,了解到教师对于课程质量监控的理解和期待。很多教师提出,现行课程实践中的计划、评价、反馈都属于课程监控,教师有意无意地都在进行自我监控,但是监控需要显性的标准,现在的课程实施方案中"没有这方面的指标"。建立课程质量监控体系、为教师提供自主监控的工具不仅仅是完善课程实施方案的需要,更是教师们的心声。

其实,课程质量监控方式不是新鲜事,每日行政巡视、每周保教沟通、每月教师反思、年终考评、班级质量评估等都属于课程质量监控,我们需要将这些零散的做法系统化,形成机制,保障课程系统内的各个要素自我驱动、各司其职,实现动态反馈和调节,保证课程质量。同时,我们也在思考,在课程领导力理念引领下的课程质量监控一定有其独特的"面貌"——那就是重视教师自主监控的力量——课程质量监控不应该仅仅是自上而下的行政命令、层层督查，而是应该充分调动教师的自主性，通过自主监控的过程支持每一个教师成长为课程领导者。

课程质量监控机制是由课程中的多元主体共同参与的，尤其强调教师自主监控的价值为教师提供工具来支持教师开展自我监控，并重视监控主体间的对话和问题解决机制。

### 二、编制自主监控手册

为教师提供方便上手的工具是支持教师进行自主监控、成为课程领导者的重要环节。这个工具应该既有原则的体现，又有方法的启迪，能给老师主动思考课程提供抓手，又可以有具体可参考的要点。以"教师自主监控手册（环境创设篇）"为例，这一份自主监控手册经过核心组反复研讨，又以一学年的园本教研为实践依托总结而成，由"灵魂拷问""原则""方法""实践"几部分组成。其中"灵魂拷问"是教师在思考和设计环境、反思和评价环境时的一些问题索引，问题没有标准答案，旨在激发教师从更全面的角度去思考环境。"原则"是优质的环境创设应该具备的特征，参考了《上海市幼儿园办园质量评价指南》，也参考了我园教师的实践经验。"方法"与"原则"对应，从更加具体实操的层面为教师提供一些达到前述原则可以用到的方法。当然，方法不唯一，也不一定适用于所有场景。所以，这块内容有一些"留白区域"，供教师记录自己在实践中的"好方法"。"实践"则是教师对于优质案例的记录，它是证明"原则"被达成的"证据"。

《新实验幼儿园教师自主监控手册》是教师自我监控和课程核心小组外部监控的重要依据。教师可以在任何时间打开手册——在创设环境前,从"方法"中寻找一些启发和灵感;在环境创设后,用"原则"来检验环境的质量和价值;在整个学期内,教师都可以把自己的"实践做法"和"好方法"记录在表格中。最后,当把所有教师的手册汇总在一起的时候,我们可以从中梳理出更多的"方法"填充进原有的表格里,我们也可以把好的案例附在后面,供其他人阅读参考。如此循环,《监控手册》可以在一轮一轮的实践中不断扩充,教师的课程实践智慧也得到了更好的记录推广。

表4-1 新实验幼儿园课程质量监控系统表

| 监控内容 \\ 监控主体 | | 自主监控(教师、保育员) | 监控小组监控(园长、保教主任、教研组长) | 家长监控 | 专家监控 |
|---|---|---|---|---|---|
| 对课程文本的监控 | ➤ 班级学期计划和小结 ➤ 周日计划 ➤ 保教沟通记录 ➤ 教师每月反思 | 1. 早班教师每日制定集体活动计划。 2. 每周进行保教沟通,教师和保育员及时沟通,反馈一周课程实施情况,并制定下周计划。 3. 每学期开学初,班主任根据班级情况制定班级计划,学期末进行班级工作小结。 4. 教师每月撰写反思,并将反思发给监控小组成员进行对话。 | 1. 园长、保教主任、教研组长逐层监控各类计划、文本。 2. 监控小组作为对话者,每月和教师对话月反思的内容。 3. 园本培训每位教师。 | "家园共育"纸质版或电子版,让家长了解每周达成目标和活动内容以及科学育儿指导。 | 区责任督学定期来园检查、督导。 |

续 表

| 监控内容 \ 监控主体 | | 自主监控（教师、保育员） | 监控小组监控（园长、保教主任、教研组长） | 家长监控 | 专家监控 |
|---|---|---|---|---|---|
| 对课程实践的监控 | ➢ 生活、游戏、运动、学习四大板块的开展情况 ➢ 环境创设 ➢ 家长工作 | 1. 日常参考"新实验幼儿园教师自主监控手册"和"上海市幼儿园办园质量评价指南"进行自我监控和记录。 2. 每学年进行年终考评的自评。 | 1. 每日行政执勤，监控课程各块面的落实情况。 2. 教研组长每周进入平行班级监控、对话。 3. 年终考评及对话反馈。 | 1. 每月固定填写月反馈表（家长用）。 2. 各项大活动（家长开放日、家长会、妈妈才艺秀等）后，家长填写反馈表。 3. 将家委会划分为保育组、课程组、安全组。家长代表每月轮流进入幼儿园进行现场观察、监控和反馈。 4. 每学期初、学期末开展园级家委会会议，听取家委会的发展建议。 | 1. 区责任督学定期来园检查、督导。 2. 上级领导、专家现场评审。 |
| 对幼儿发展的监控 | ➢ 幼儿成长档案 ➢ 在园情况表 ➢ 个案儿童观察记录 | 1. 借助"孩子通"平台，日常记录幼儿各类表现，参考依据"3—6岁儿童发展行为观察指引"。 2. 根据每学期研究 | 1. 每日行政执勤，监控幼儿行为表现和发展状况。 2. 根据"孩子通"平台后台数据，监控全 | 1. 日常借助"孩子通"平台了解幼儿在园行为表现和发展情况。 2. 日常将幼儿 | 1. 区责任督学定期来园检查、督导。 2. 上级领导、专 |

续　表

| 监控主体＼监控内容 | 自主监控（教师、保育员） | 监控小组监控（园长、保教主任、教研组长） | 家长监控 | 专家监控 |
|---|---|---|---|---|
| | 重点，每月撰写幼儿观察记录。<br>3. 每学期完成幼儿在园情况表。<br>4. 学期初确定个别儿童，制定计划，定期记录。学期末形成个案儿童记录。 | 园幼儿的行为表现和发展状况。<br>3. 通过各类常规体检，监控幼儿生长发育情况。 | 在家中的行为表现记录在"孩子通"当中，参与幼儿评价。 | 家现场评审。 |

## 第二节　在反思与评价中逐步赋权，优化反思制度

建立平等的对话，每一个都可能成为反思者与对话者。打破传统的等级关系，开放平台，促进所有人自由地交流想法、分享经验，营造更有创造性和更具活力的反思氛围，促使每个成员都能在反思中找到价值、发挥作用，实现个体和整体的共同成长。

### 一、相信"每一个"

一次例会上，我提了一个问题："月反思的对话者，从'一'个园长，到'三'组成员，再到'九'个对话者，其背后说明了什么？"

对话组成员们思索了片刻，便积极讨论起来。

成员 1:"我看到了幼儿园管理者逐渐将课程评价'赋权'教师的过程,厘清价值后,月反思既是对反思者的赋权,又是对对话者的赋权。"

成员 2:"赋权的过程,并不是一个随意的过程,是一个'小步递进''边走边看'、逐渐放开的过程。"

成员 3:"参与到对话组来,我感到幼儿园对我的信任,尤其是现在独立成为对话者了,我更加要精进专业,拓展视角,以更好地在对话过程中支持反思者。"

对反思者来说,撰写月反思,是教师开展课程实践自我评价的过程;对对话者来说,也是对教师课程实践开展评价的过程。的确,"赋权"首先体现在"自评"上:在教师课程实践的"自我评价"上,鼓励并尊重教师在教育行动背后的自我思考,月反思成为我园教师开展自我评价的一个重要载体。其次,"赋权"体现在"他评"上,从开始只有园长 1 人,到形成 3 组对话组的评价权的下放,再到现在让 9 名成员独立开展对话。在教师课程实践评价的领域里,正在逐渐地去权威化,并向"同伴协同"发展。园长、专家也同时化身为教师课程实践过程中的伙伴,关注教师的关注,思考教师的思考,用同行者对话的方式来伴随教师、支持教师。那么,课程实践的"他评"是不是能再进一步放开,放给幼儿园里所有的教师呢?也有人表示担忧。

成员 1:"教师会不会找关系好的小伙伴,逐渐又回到最初的'完成就好'?"

成员 2:"我们也不能回避教室中的差异性问题啊。"

在适宜的环境里,教师的课程领导力是在不断生长的。不仅有课程意识的增强、新活动的产生,还有课程评价自主意识的提升、专业自信的提升。我们的反思对话制度,也是为了造就这种"适应的环境"而服务的,倡导的是以教师自主开展课程实践评价为主,同伴式评价为辅,以增加教师发展的空间和可能性,通过在课程实践中分享做法和观念,互为拉动视角、共同探索,让反思对话与彼此的专业成长形成良性互动。

制度的积极意义在于创造更多的条件和机会,为"每一个"教师的自我实现增加发展空间和可能性。在向教师赋权的背后,是相信每一位教师的潜能。即使有"差异性",但这也是推动教师发展中的机会。"人人都来做对话者",能激励每一个教师的主动成长的内驱力,唤起每一个教师的专业自觉。对于教师来说,通过参与评价,能更加深入理解课程目标,增强课程意识,进而能产生更多课程实践中的创新做法,发挥自身潜能,这将是十分有益的。幼儿园拟进一步赋权——让每一个教师都有他评权。如果教师被同伴邀请,也可成为"对话者",从而协同他人共同开展课程实践反思。

## 二、支持"每一个"

"每个学期形成一本(月反思)资料,完成后就锁起来了,对教师有什么帮助?"

在最初调研中,老师发出了这样的"灵魂拷问"。如今的"月反思"早已超越了"完成"的层面,每一个老师的每一篇反思,都是有灵魂的、有故事的。每一个教师着力点不同、兴趣点不同,在其中的获得感也不同,教师"月反思"的利用价值也更加多元。

教师1(班主任):"我设计了一个班本化的活动'猜春菜',我的对话者奚老师看到了我的班本化设计和实施亮点,推荐我在区级教研会上进行了交流,班本化的经验能够给更多的同行以启发,经验能让更多人来分享,我觉得非常开心。"

教师2(班主任):"我遇到了带班以来的第一个阳光宝宝,在我的月反思中,记录了我对他的观察识别和思考,我的对话者周老师用批注的方式一连为我点了12个赞,这不仅是肯定,还是很大的共鸣,根据周老师给我的建议,我又进行了修改,并在周老师的鼓励下进行投稿,没想到一下子获得了融合教育优秀叙事一等奖。这对我来说是一个很大的鼓励。"

教师3(班主任):"我写了一篇关于课程监控的反思发给了园长,本来我有些忐忑,毕竟课程监控是领导管辖的事情,但园长姐姐在反思对话中竟给了我详细的回复,但还不足以'尽兴',于是在微信上又开展了几轮对话,点赞了我的思考和建议,真是意料之外,又在情理之中。"

教师4(运动负责人):"我写了一篇关于思考怎样丰富幼儿园运动资源的反思,引起了课程管理者的重视,我们约了面对面的对话,进一步交流了想法和建议,下学期的运动资源也将会进行优化。"

教师5(教研组长):"我是新手教研组长,专家周老师在我的教研组里,我常会选择教研建设的点来开展反思,每次都发给周老师对话,周老师经常给我'点赞',肯定一些好的做法,比如'有备而研''活用资源''研后彩蛋'等,同时也给我提出'怎样更好'的建议,我逐渐找到了'感觉',推动组内逐渐形成了'共研—尝试—解疑—分享—创新'的教研机制,让

'智慧共享、责任共担、困难共克'的园所文化在教研组中落地。"

　　这里呈现了部分"月反思"价值推广的样式,不同专业成熟度的教师具有不同的发展需求。月反思对话的推进,对每一个教师给予个性化的专业支持和回应,对话式的协同反思,提升了教师课程实践思考的动力,拓展了反思和实践的角度。逐渐地,教师关注的视野更广了,课程意识不断增强,班本化的课程实践不断推陈出新。一些教师的关注点还跳出班级课程范围,跃向幼儿园的课程管理。内在动力的点燃和外在助力的推动,不断丰富着教师对"月反思"的价值感受,教师获得感的提升也成就着幼儿园课程制度在教育改革中的动态优化。

第五章
# 工具：以"反思导引"为助推器

我们要塑造的反思思维，是在感知觉基础之上（发现问题），运用多元概念进行抽象、概括和推理，提取出由现象到本质的认识（分析问题），从而进行理性判断（解决问题）的过程。只有反思思维水平的实际提升，才能成为助推教师成为课程领导者的核心动力。

"教师反思导引"是我园设计的用以帮助教师塑造反思思维的工具，由"反思地图"和"反思思维链"组成。"反思地图"从意识、认知、行动和表达四个层面来进行引导，帮助教师从广度、深度两方面进行反思拓展。"反思思维链"则在表达层面进一步细化，具体到不同场景中，提升教师表述及澄清观点的逻辑性。在对话的过程中，意识层面的肯定、认知层面的互通，行动层面的探讨，以及表达层面的斟酌也同样重要。如此，反思对话才能点亮更多的智慧，为更多的教师增能。

## 第一节　构建反思地图，引导教师课程反思流程化

反思地图，从"意识层面＋认知层面＋行动层面＋表达层面"进行架构，帮助教师拓宽反思广度、拓展反思深度，四个层面互为影响，不分先

后。意识层面,从教师的课程敏感性、主动性进行引导;认知层面,含课程要素及儿童视角、全面育人等教育理念和教育哲学思维的引导;行动层面,从课程执行力层面进行引导,强调反思后有行动;表达层面,则通过"反思思维链"进行引导。

## 一、反思地图的依据

### (一)梳理文献,形成大框架

我们围绕"反思""教学反思""思维""反思思维"等关键词查找了大量文献,获得了很大的启发。如教师反思,包含反思意识、反思能力、反思水平、循环反思(反思+行动)等,它们同时对教师反思产生作用和影响;又如思维结构中,包含认知因素和非认知因素,横向由思维的材料、思维的过程、思维的能力(判断、推理、归因、整合)、思维的动机四因素组成。思维的分类中,还有独立思维和系统思维之分等;再如思维是凭借知识经验对客观事物进行的间接反映。思维之所以有间接性,关键在于知识与经验的中介作用。

同时,在吸收主流教育理念、教育理论、评价取向等基础上,从教师反思的意识层面、认知层面、行动层面和表达层面等四个层面,引导和帮助教师在课程实践中发现问题、分析问题和解决问题,初步形成了"反思地图"的大框架。

### (二)围绕"成为课程领导者",细化内容

我们希望教师通过持续反思逐渐成为课程领导者,而非课程实践者。因此,我们结合《幼儿园课程领导力在生长》中所描述的"课程领导者的五个特点",形成了一系列具体的提问,引发教师围绕课程愿景、课

程理念、幼儿发展以及协同他人展开反思。

## 二、反思地图的呈现

表 5-1　反思地图表

| 反 思 地 图 | | |
|---|---|---|
| 意识层面<br>(内驱力) | 成为课程领导者 | *我想把这件事弄明白吗?<br>*遇到疑惑时,我会主动求解或寻求协同他人开展对话吗?<br>*我会主动吸纳新理念、不断升级自己的观念系统吗?<br>*我能积极地影响他人吗? |
| 认知层面<br>(理念和理论) | 立德树人 | *我理解我园的育人价值观和目标吗?<br>*我联结了我园办园理念和目标了吗?(培养怎样的儿童?)<br>*我是怎样做联结的?(如何促进幼儿发展?) |
| | 幼儿园课程 | *这个活动与我园课程之间的关系是什么?<br>*我了解我园在课程规划、设计、实施、评价中的具体要求吗?<br>*我的课程实践依照我园的课程基本原则来运行了吗? |
| | 儿童视角 | *对幼儿的现实表现,我所作出的解释和分析恰当吗?<br>*这个事件和促进幼儿发展的关系在哪里? 有多必要? 值得怎样的付出? |
| | 多因素分析 | *有哪些原因让这个现象发生了?<br>*课程实施中产生的问题是什么原因,本质是什么? |
| | 更多理论依据 | *我还想到了哪些理论依据?<br>如:教育学、幼儿发展心理学、领域教学知识、幼教纲领文件等。 |

续　表

| 反　思　地　图 | | |
|---|---|---|
| 行动层面 | 反思有持续 | * 发现问题后,我能思考对应策略,尝试提出可操作方案吗?<br>* 思考出对应策略后,我会在实践中进行尝试和再反思吗?<br>* 我会协同搭班老师、保育员及家长,共同开展后续实践、共同促进幼儿发展吗? |
| 表述层面<br>(书面反思) | 逻辑清晰 | * 我尝试使用反思思维链了吗? |

### 三、反思地图的作用

反思地图意在帮助教师从多个层面进行反思,之所以叫"地图",是因为它的用法和地图相似。

"迷路"时使用:当教师反思感到迷茫,不知道从哪个角度思考时可以使用,就像迷路了要看地图、看导航。

"旅行"后使用:当教师反思后,可以回顾自己思考了哪些? 还有哪些角度可以试试? 就像旅行后看看地图上哪些点亮了,哪些还有待探索,这个探索既可以是前人已经发现的,即罗列的问题,还可以是发现新大陆,即产生一个新的提问。

因此,"反思地图"追求的并非给予教师一个大而全的反思框架,而是呈现一片区域、提供一些支架,教师可以使用它自主发现、探索更大的空间。

## 第二节　形成反思思维链,提升教师课程反思逻辑性

思维是人脑对客观事物本质属性及规律的概况的间接的反映。思维水平的高低,认知因素和非认知因素同时起着至关重要的作用。要提高教师的反思思维水平,激发教师的自我反思意识、形成自我提升的动机和需要尤为重要。

反思思维链,从个人实践反思和多人协同反思两方面进行架构,分为引导归纳式或演绎式两种方式,目的是为教师提供思维路径上的引导,增强教师反思的逻辑性。

### 一、澄清目标,凝聚力量——个体反思思维链

《幼儿园课程领导力在生长》里提到,课程领导不是要去控制别人,而是专业地引领、指导和督导别人作出高层次的判断与自我管理,激励相关人员投入持续成长的生活方式中。

#### (一)反思水平表启蒙

在了解了教师的问题和需求之后,我们查阅了大量国内外文献,在吸收主流教育理念、评价取向后,我们为教师提供了以下反思水平图表,其从意识层面、认知层面和行动层面为描绘了在反思水平上提出可理解、可操作、可追求的目标,为教师描绘了一个共同的愿景——形成高水平的反思,发挥课程影响力。

表 5-2 反思水平表

| | 一般反思水平 | 较高反思水平 |
|---|---|---|
| 意识层面 | 教师作为工作任务完成者 | 教师作为课程领导者 |
| 认知层面 | 立足自我倾向 | 立足儿童视角 |
| | 短期的观点 | 全面育人的观点 |
| | 依据个人经验 | 依据教育学、幼儿发展心理学、领域教学知识、纲领文件等理论依据 |
| | 反思局限在现象本身 | 能进行现象背后的多因素分析,并能思考对应策略 |
| 行动层面 | 反思无持续 | 反思有持续,有再实践、再反思的过程 |
| 表达层面 | | |

说明:一般反思水平是指感知觉层面的反思,较高反思水平是指在感知觉基础之上,对客观事物本质属性及规律的反映,对教育教学现象的本质及规律的追寻和认识。

### (二)个体思维链形成

教研会上,我们将"反思水平表"中的条目制作成小块状,将这些条目一起拼入表格中,让教师以游戏的形式,通过语言表达将理解的含义外化,加深对反思不同水平的认识。整个过程可以激发教师自我提升的愿望,对反思水平的认识形成初步的共同的"话语系统",在一次次碰撞与深入中,逐渐构建起教师深度与广度思考的主路径。

探索形成思维链的过程中,我们有三个"强调":

**第一,强调结合理论依据。**一线老师总是对"理论"两个字很排斥,理论并不是晦涩难懂的东西,有教育学、心理学上的经典"大理论",也有实践中充满智慧的、目前达成共识的"小理论"。大理论包含着对学前教育的元认知,小理论是各种实践智慧的结晶。在教师们工作所处的学前教育领域,各种研究十分活跃,新名词、新概念层出不穷。在实践中,还会出现对大小理论或各种新名词囫囵吞枣,在并不理解内涵的情况下却"广泛使用"的情况。这些都不利于教师反思深度的挖掘和反思价值的体现。因此,在思维链中引导教师结合"理论依据"进行思考或表达,形成深度思考的思维习惯,有助于教师开展广泛的、满足自我需求的自主学习,加强个体反思的深度,提高自身对课程的有效影响力。

第二,强调儿童视角。即教师在班级层面课程实践的出发点、落地目标,都是为了促进幼儿发展。为此教师需要有反思思维的带动,形成较强的观察、识别、支持的能力。

第三,强调反思之后有行动。面对反思对话出现的"只反思,不行动"的现象是老师经常会出现的问题。对此类现象一方面需要教师通过思维链认真检查自我,反思后制定相应计划,做足准备调整教学策略进行再次教学;另一方面幼儿园要起到监督作用,督促教师一步步完成思维链几个层面的修改和调整,时刻关注教师行动动态,及时调整。

**个体反思思维链**

1. 一级思维链(如何使用工具)

我现在在哪里?——我的下一站在哪里?——在现在与下一站之间,我可以怎样做?

一级思维链的提供,为教师的个体反思提供了基本路径。

2. 二级思维链

归纳式:我看到了(幼儿表现)——我想到了(结合理论依据)——

我建议(或我行动)

演绎式:我的想法(观点)——我的依据是(幼儿表现或理论依据)——我建议(或我行动)

说明:"看到的""想到的""建议的""行动的"思维链主路径的背后,是教师反思在意识层面、认知层面和行动层面的不同的水平的反映。

## 二、协同反思,多维对话——协同反思思维链

《幼儿园课程领导力在生长》里提到,提供充分的时间和学习、对话条件,帮助教师知觉自身课程实践状况。

### (一)协同反思平台打造

在访谈中,教师们表示,对反思能力提升最有效的是参加大教研,无论是承担大教研开放,还是参与大教研的研讨,自己都能收获很多的启发。可见,协同反思是教师欢迎的形式,有所聚焦的研讨话题对教师反思的广度和深度都有所帮助。课程领导力是一种影响力,给予教师分享交流的机会,通过协同反思的平台互为影响、形成更高水平的认知是十分重要的。

表5-3 协同反思平台

| 名称 | 当前功能 | 负责人 | 频率 |
|------|---------|--------|------|
| 大教研平台 | 以专题实践为主要核心任务;承载任务明确且聚焦;体现研究性、学习性。 | 保教主任 | 两周一次 |

续 表

| 名称 | 当 前 功 能 | 负责人 | 频率 |
|---|---|---|---|
| 小教研平台 | 涉及到课程实施中的每一个细节。月计划、月小结、主题实施、大活动讨论、保教合作、家长工作、班级建设、理论学习等;承载任务多元,紧跟幼儿园各条块的任务下达;体现事务性、执行性、学习性、研究性。 | 教研组长 | 每周一次 |
| 园本培训平台 | 以培训学习、专题研讨为主要核心任务;承载任务明确且聚焦;体现研究性、学习性。 | 师训负责人 | 每月一次 |
| 课题研究平台 | 根据课题承担人的研究思路开展。 | 课题领衔人 | 两月一次 |
| 项目小组平台 | 根据项目承担人的研究思路开展。 | 教学能手 | 两月一次 |

以上为我园重要的五个协同反思平台,找准平台各自的定位并充分发挥其功能,使教师能在多维度的协同反思平台上分享经验、解答困惑、思维碰撞,提升新的认知和经验。

**(二) 协同反思思维链的形成**

协同反思的确重要,但从另一方面来说,教师在 6 小时带班工作以外,还需要撰写各类案头工作、机动处理家长工作、外出学习培训等事务,时间和精力有限,如果"开会"太多,教师能自主分配的时间空间减少,容易增加教师负担,产生抵触、敷衍等情绪。

于是,我们也逐渐意识到:并不能只是形式上让教师们聚在一起,而是要系统规划、精心设计,形成价值认同,并不断探索更加科学、合理、系统的运行机制,让教师在力所能及的范围内主动地、积极地参与其中。

### 协同反思思维链

1. 指向平台负责人的思维链

各平台负责人通过思考及讨论,初步形成了工作上的思维链:

讨论前:我需要为教师提供哪些指导? ——讨论中:我如何激发教师对话交流? ——讨论后:我如何梳理共识、提升总结?

反思思维链(平台负责人)

- 讨论前:我需要为教师提供哪些指导?
- 讨论中:我如何激发教师对话交流?
- 讨论后:我如何梳理共识、提升总结?

2. 指向参与协同反思老师的思维链

讨论前:我准备了什么? ——讨论中:我在讨论中是否充分表达了想法? ——讨论后:这次讨论对我有什么启发?

反思思维链(参与协同反思教师)

- 讨论前:我准备了什么?
- 讨论中:我在讨论中是否充分表达了想法?
- 讨论后:这次讨论对我有什么启发?

第六章
制度：以"反思对话"为协同机制

　　我园同步多途径构建或优化反思对话平台，逐渐形成多样化的反思对话机制：利用网络开设"反思问题池"，不限话题、隐去身份、时时相伴；成立"对话组"，与教师开展书面反思对话；优化园本教研，激励教师主动卷入……在此过程中，也进一步收集到了来自教师的真问题，为课程制度与机制建设提供实证与思路。

## 第一节　平等对话，打造学习共同体

　　现实中，教育教学中总是充斥着独白式的言语。校长的总结发表，教职工会议中的相关人员的发言，课堂上学生兴奋地举手发言回答"是"之类的话语，教师在课堂教学中的言语，它们中大部分都是独白。

　　其实，"对话"这一行为在学校教育和教师教学中是极其重要的，它指向一种社会性的学习过程，要求教师向外界敞开自己的身心，并接纳未知与异质的东西，当发生"对话"的过程时，就意味着主体的自动参与。所以说，"课程领导者"与"反思型实践者"是教师角色的"一体两面"，反思与对话是课程主体最核心的存在方式。

**一、理论认同：独学而无友**

课程领导共同体形成的必要条件是"有共同的课程愿景和课程目标"。而这与日本教育学家佐藤学基于杜威关于学校的构想（学校是雏形的社会，应作为一个探究共同体）提出的"学习共同体"思想不谋而合。从佐藤学的观点出发，过去以"竞争"为主流的教育，应转变成以"共享"为原则，使人与人之间走向团结。学校是校内与校外人员共同寻求学校面临问题的解决方法的地方，是围绕"学习"而组织的使成人与儿童成长的地方，而不是作为大规模生产的系统。佐藤学将学校解读为"共同体"意在希望学校里的任何人都可以互帮互助，共同生活，共同成长，同时表达了他对学校教育走向美好的一种追求。

我国古代典籍《礼记·学记》中记载的"独学而无友，则孤陋而寡闻"，《论语·述而》中的"三人行，必有我师焉"都流露着"学习共同体"的意味。"学习共同体"的学校改革是作为一种愿景来推进，把学校作为学生、教师、学生家长以及市民在内的人员相互学习成长的地方。在这样的学习共同体中，实现每一个学生的学习权利，实现每一个教师作为专家的成长是学校教育的公共使命，拥有共同的愿景是十分重要的。

**二、言行合一：我就是我们**

雷锋同志说："一滴水只有放进大海里才永远不会干涸，一个人只有当他把自己和集体事业融合在一起的时候才能最有力量。"作为新实验的一员，我们都是一滴水，只有融入新实验这个大家庭的海洋中，才能汇聚成浪涛澎湃。

教师的教学实践充满着"不确定性"和"复杂性"。如果每个教师只想单凭自己一个人的力量提升教学能力,只能是天方夜谭。正是因为教学工作的复杂性导致教师这个专业具有"不确定性"。课堂教学中,学生千姿百态,每个人都有自己固有的理解问题和解决问题的方式,教师想要凭借一年或者几年的时间来参透课堂教学中的千姿百态,也是一项极大的挑战。教师可以借助教学观摩和课例研究的方式来提升教学能力,以平等的关系来进行教学方面的研究与学习,形成教师之间的相互信任与相互关怀的教师文化。需要注意的是,教师进行教学观摩时,应怀着学习的态度,不对执教者的课进行好与坏的评价,而是要反思自己从中有何收获。教师通过建立这种平等、信任与相互关怀的"同僚性"来成就彼此。

新实验幼儿园的校园文化是"我就是我们",这一理念正是基于这样的共同愿景而提出。在课程领导力视角下,课程监控的主体从园长转变为了园长与教师,或者说课程领导共同体,而教师反思恰恰是开展课程自我监控的重要环节,因此这也决定了课程实施方案与反思导引之间的相关性。以"反思对话"为我园重要抓手,真正做到明晰我园课程愿景与目标、构建体现教师主体性的课程领导共同体,让课程愿景与目标真正渗透到每位课程领导者的心中,并形成一个接纳、尊重教师差异、有一定灵活性的氛围,而不是自上而下地"布置任务"。"我们"都在不断反思与对话中践行自我,表达自我,约束自我,从而成就每一个"我"。

## 第二节 自由发言,活用反思问题池

"反思问题池",是我园开设的一个可以供所有教师自由发言与提问的线上互动平台,其本质是利用在线文档强大的编辑功能,以集思广益的方式,讨论、解决教师课程实践中的真问题。在这样一个没有职位之分、没有年龄之差、没有经验之别的地方,大家可以畅所欲言、发挥所长、相互学习。

## 一、诞生

"反思问题池"诞生于一次关于课程反思的访谈,访谈中大家畅想着"提高反思能力"的"拐杖"究竟是什么样的:有老师希望它是罗列了诸多要点的表格形式并会配上典型案例;有老师期待它能兼顾反思的系统性与随机性;还有老师则跳出了反思的文本框架提出,最好是线上的,能及时解答问题,像个论坛,每个人都有发言权,当然要匿名的那种……

机缘巧合之下,集线上操作、多人聊天、匿名发送等多种编辑功能的"在线文档"进入了我们的视野,为教师实实在在提供了一个想说就说、不怕说错的安全环境,"反思问题池"也就此诞生。大家一时间讨论得热火朝天、句句深刻,疑惑一个个被解决,仿佛都能预见教师反思能力、课程领导力提高的大好景象……

## 二、初见

反思问题池的首次投入使用是在一次集体培训中。人们对新事物的第一印象往往会影响之后的看法与行动。所以,让教师感受到反思问题池好用、愿意用是培训的首要目标。于是,反思问题池里最初的两个问题无关课程实践,而是"此刻的心情是怎样的?""姐妹们,快来推荐奶茶甜品!"一时间,大家涌入在线文档回复,像极了抢椅子的游戏,在"我推荐这家""快请客喝奶茶"的欢声笑语中,教师认识了"反思问题池"。

伴随着新学期的到来,反思问题池机制也正式开启。它按周划分,为了方便编辑与阅读,新一周的内容都会写在文档最前面。由于教师习惯在微信中点开文档(持路人身份),所以每当反思问题池里有新内容时,幼儿园的微信群都会同步更新链接,让教师看见。

## 三、生长

在反思问题池里,我们逐渐聊了许多话题:

我们讨论自由活动如何安排,也提议"园内不扫落叶"代替"远足"来感受秋天;

我们表达了专用活动室需要时钟/沙池边需要垃圾桶的诉求,也看到诉求很快地被实现;

我们写下对教师节活动/年终小结会的期待,也谈论活动后的感受与调整;

我们探讨对课程中"统一"的理解,也聊对"午睡脱不脱袜子"的看法;

我们讲述周计划改版后的困惑与不解,也讨论活动区和自主游戏的差别;

我们吐槽工作中的忙碌与辛苦,也分享着带班时的新发现与小确幸;

我们也在思考幼儿园特色和课程理念的关系……

而这些话题的背后是教师对课程资源保障、课程实施、课程管理等课程要素的课程制度故事。

### 四、回顾

仅半年时间，大家在反思问题池里已写下 24922 字，浏览次数达 2145 次。当然比数据更重要的是它的生长过程给我们带来的关于幼儿园课程机制的思考。

课程领导力视角下的课程机制基于人又激发人。反思问题池机制源于教师"想说不敢说、想说无处说"的需求，机制中隐去姓名的设计为每个人提供了一个接纳、包容的场域。当大家想说、敢说、有地方说，同时也有人听、有人回应，真实的对话才会发生，课程领导力才有可能生长。而隐去姓名也意味着隐去身份，我们暂时摆脱教龄、职称和头衔的束缚平等地对话，相互激发，用思考和行动重新定义了自己的角色——既是课程领导者，更是富有"自我"的人。

课程领导力视角下的教师专业发展机制不是一张图纸，而是一片土壤。反思问题池长成了和预设不一样的模样，究其原因，是源于它打破了过去将专业能力拆解细分或"哪里不行补哪里"的顶层设计方法，视教师为课程领导者，让其在开放的环境里发现课程实施中的一个个"真问题"，从而不断优化课程各要素，为课程带来生命力。

# 下编：成效与影响

## ——反思对话的实践应用

问:反思做得怎么样?有什么变化呢?

教师1:这个思维模式让我能够把零散的点更好地概括、梳理变成文本。

教师2:当我评论别人的反思时,虽然只有一篇,但是我会好好地依据工具去解读、剖析这一篇,有理有据地回应。一个是给老师怎么写,一个是给老师怎么评。

教师3:反思是有进步的,我会落在一个点上更深刻地去思考了。因为我觉得我要好好写,有了一个读者视角,想想别人怎么读。

教师4:以前反思我自己写好就写好了,现在有人要给我对话,所以就要多读两遍,写得是不是通顺,是不是有错别字,是不是把论点说清楚了,是不是有证据支持,是不是别人有可读性,就会多读两遍。还有大教研,也让我的思考更加深入。

教师5:我觉得对我触动最大的就是反思地图、反思思维链,理论学习以后,我们知道要怎么做,实际操作时候觉得有点脱离,但园本教研的时候我看了老师们的呈现思路,如何选择点、如何架构、如何渗透、如何把事件写清楚,这个点背后反映的教育思维也是一种很有效的学习。理论与学习相匹配,本来我就学到了一个骨架,现在匹配学习后我就学到的东西更加直观和丰满了。

教师6:第一个我是感觉有人读你了,有人看到了,有人认可你的点。每个人的批注,让我感到我被认可,他们肯定我的做法。我的每一次反思都有对话,会告诉我可以怎么深入,对我的思考有进一步促进,慢慢促进我反思不断地深入。十二月反思的事件是白天发生,晚上立刻写出来的,对话者马上给我反馈,"这个反思让我看到你的热情"。这也激励我后续能够更投入地去写反思。

教师7:我的反思发给过小胡、婷婷。我想,婷婷是研究生,之前她执笔很多课题,应该有很多想法和经验。后来,我发现她确实想得比我深入很多。比如环境,我写了环境创设的思考,她会告诉我,反思实践后,我应该更多地剖析教师教育素养和专业成长,还可以有更多的思考。原来我的反思更多的是教养笔记,现在更多的是触及对于记录自己思维的变化。之前有一件事情也让我印象深刻,周老师说指南有哪些点,环境体现哪些点,对于幼儿发展又有哪些点。这些思考是我平时没想到过的。

由上可知,反思对话带给教师的变化很大。比如能够把零散的点更好地梳理、概括成文;能够在某些对话中对专业主动"悟"起来;在反思地图、反思思维链的指引下尝试把理论和实践进行连结;从对话者的视角中获得更多的专业启发等。

可以说,随着"月反思对话"制度的逐步推开,教师的思维和行动发生了很大的变化,对其价值认同从最初的澄清共识到更多的发现觉察。伴随着行动的全过程,幼儿园中逐渐形成了一种乐于反思和积极对话的文化氛围:班级里的课程实践,不仅仅是一个班级里的小伙伴一起讨论,和隔壁班级的老师也讨论讨论，促进思考；在教研活动中，不再等着"听"，而乐于"开口说"，因为"开口说"能激发群体协同反思，引发更多的人与自己对话，在教研中拥有更多的获得感；对于学期考评，也不再"害怕被考试"，因为考评后能够与课程管理者进行深入对话，开展协同反思，拓深思考……

反思与对话开始变得更为主动和如影随形，在幼儿园中逐渐形成了新的生态环境，汇成了乐于协同的反思对话文化，为教师课程领导力持续生长提供了适宜的土壤。教师参与、协商、动态优化的教师反思制度，好似穿针引线，影响着反思者与对话者的互动过程和主体感受，支持着幼儿园的课程主体互为推动，一起成长，共绘教师与幼儿园协同发展、互为滋养的美好愿景。

# 第七章
# 成效（一）：反思对话价值的凝练

一篇篇反思对话就是一篇篇生动的教学，那些灵魂对话的时刻，被永远记载，成为前行道路上的光亮，破开迷雾，照亮远方。它们不再是束之高阁的纸质资料，每一页都讲述着他们之间的故事，而每一段故事的亲临者，都会在某个时刻再度"回首"，邂逅当时。

听闻全国特级教师贲友林有一个习惯，就是写教学札记，他喜欢把课上的一些精彩片段在课后记录下来，他的班级中哪个学生课堂上的表现能被他记录到札记中，那是一件很骄傲、自豪的事情。我想，新实验的每一个教师如今也拥有了属于自己的"札记"。

## 第一节 情感支持——彼此点亮，传递教育的温度

在教育的道路上，教师不仅需要专业的知识，更需要恳切的鼓励与支持。而一次好的对话也不仅有知识的交流，更有情感的流动。每位老师记录的故事都是鲜活而生动的，是一日生活中的缩影，也是教育的缩影。我们要在故事中找寻情感的共鸣，在相互倾听与彼此点亮中探寻更明亮的方向。

## 【陈燕:给孩子们一份春天的礼物】

春意渐浓,看着窗外的春景,阳光洒在你的脸上,你越发得想要去郊游,最近宅在家中,虽然时常会和孩子们直播,他们在直播中也非常喜欢表现自己,自己也非常想念他们,那么多的感情交织在一起,突然有个想法,不如和孩子们来一场"春日分享会"。

"春日分享会"的由来是什么? 因为之前的三八节活动我们定义为"妈妈才艺秀",妈妈们都表示非常焦虑,压力较大,因此我们将这次的活动称之为分享会,分享自己喜欢的春天美景,分享自己想在春日唱的歌,整个活动的定位可能更倾向于演唱会,大家一边唱、一边跳,孩子们能参与到每一个节目中。

1. 活动前的准备

在活动前我们先发放了问卷,用一张有趣的图片,配搭了一段有温度的文字,告知了家长我们本次活动的来意,家长们也积极报名。有乐器演奏,有歌曲、舞蹈的表演,还有诗歌朗诵及拍球展示,形式也是非常丰富。为了让孩子们在活动中,能够充分地 high 起来,我们在活动的最开始安排了歌曲《春天在哪里》。这样既点燃了整个活动,让活动一开始就能出现高潮,也让一些没来得及报名的孩子也能在这首歌曲里尽情表现自己。在根据动静交替的节目单出来后,我们还正式发了一篇邀请信,邀请我们的孩子们一起来参加我们的这场分享会。邀请信中包含了可以准备乐器、荧光棒,还可以穿上亮色的衣服,与明亮的春天呼应,还有就是可以随时加入其他小伙伴的表演。

2. 活动过程

活动中,表演的孩子有的盛装出席,在钢琴前弹出了曼妙的音乐,参与的孩子们有的拿乐器,有的拿手机闪光灯,和表演的孩子积极互动,在最后《Let it go》的歌曲中,将活动的气氛再次推向了高潮。整个活动孩子们都非常投入,从孩子们的笑脸中,我们能够感受到了彼此,彼此的距离拉近了。还有不少之前没有来参加直播的孩子也出现在了这场分享会中。

3. 反思

从活动的最开始,我们用一段有温度的问题向家长介绍本次活动的用意,让家长充分了解我们的目的;

从问卷的发放—节目单的形成—春日邀请信的发放,老师赋予了这个活动满满的仪式感,家长重视了,了解了我们的用意,才能更好地配合,才会打开腾讯会议参加,这才有了孩子们的参与;

因为之前运动直播时,总是发生音乐声音轻、听不清的情况,因此为了让播放效果更好,我们前期收集了孩子们表演的音频,将他们做成PPT,保证节目效果;

正如我在问卷说明中的那段话,在这样温暖的日子里,我们不能被束缚,让我们不负春光,追求我们的热爱,让我们一起在分享会中 high 起来,一起唱唱歌、跳跳舞,让孩子们感受到彼此的热情。

● **与你对话**

一边读着你的反思,我一边在想:是哪些因素促成了这场"春日分享会",其中最重要的因素是"情感"。情感浓度很高,高到你会在反思开头写下春天的景色,结尾写下一份希望。下面展开讲讲促成的因素。

首先就是情感与需求层面的因素:老师自身对春日美好的向往、孩子分享交流的需求开始、老师对家长的共情与理解;其次是方法层面的因素:前期问卷、有仪式感的活动海报、讲述活动意义、时间定在了家长比较空闲的晚上,还有你反思部分写到的对活动细节的调整。

此外,我很欣赏的一点是"即兴",孩子可以作观众,也可以随时加入同伴的表演,不仅给了孩子空间,也十分贴合"春日分享会"的"分享"。

我也和主题活动中的大活动进行了比较。以往的大活动更强调通过外部活动激发情感,用大活动前的一系列活动,把情感烘托到一个份上,而春日分享会是成人和孩子内在情感逐渐生长而产生的活动,也许这样的活动更深入人心,老师的包袱也不会很重。

可能也会有人问:这对幼儿的发展价值是什么?教师进行了怎样的科学育儿指导?我倒觉得有些情绪变化和体验是无法言说的,但它依然会成为我们的一部分,化成力量或化成养分,支持、滋养着心灵的成长。硬要说的话,就罗列一些关键词:春天的美好、希望、情感联结;关于科学育儿指导:根据不同孩子的特点,提供表现的舞台、宽松的氛围、即兴的空间。

对话者:邢乃雯

## 【石凤梅:一个很有趣的小男孩】

今天我要向你介绍的这个小男孩,是一个非常有意思的小男孩。他叫芃芃,"芃"这个字不太常见,音同"朋"。芃芃皮肤很白、眼睛亮亮的、个子在班级里也算是比较高的,穿衣风格很是可爱帅气。

班里 26 个孩子,每个孩子都是独一无二的。为什么我觉得芃芃是一个"很有意思"的小男孩呢? 因为他身上的很多故事,每每想起,还是会让我回味无穷,甚至不自觉地笑起来。

　　芃芃很喜欢好吃的,对于各种食材,他总是充满兴趣。幼儿园的小朋友有时会认不出午餐餐盘里的都是什么,这时候芃芃便会告诉别人"这个是板栗""那个是腐竹""我奶奶给我烧过这个"等等,颇有些生活经验的样子。一般这时候,他还会满足地吃上一大口,似乎在说"真的很好吃,没有骗你"。从小班到大班,芃芃只要来到彩泥区,十之八九都是为了做"吃的"。他最爱做的是"罗宋汤",红色的"汤"里会放各种食材。他说长大了想做厨师,我猜这个职业理想大概率是不会成真的,倒不是不相信他,而是因为我觉得他兴趣广泛、天赋众多,未来可期,不知道长大后他还会不会记得这个梦想。

　　芃芃对空间和形状特别痴迷——教室里的七巧板、几何图形拼搭玩具最多时候都是他在玩。这类玩具本身的趣味性没有那么强,但是芃芃特别乐在其中。中班时,教室里有一个叫作"五颜六色"的玩具,锻炼的是孩子的空间认知能力。玩具说明书里有100道题目,每道题都是几片拼块叠放后的组合图案。拼块一共有18片,颜色形状各不相同。100道题目从易到难,后面有些题目就算让我来做,都要反应好一会儿。

　　芃芃特别喜欢玩这个玩具,游戏时间,他常常独自坐在一边做这些题目。有时,他看到一个题目,不需要过多思考,直接拼出答案;有时,他

一边拼还会一边念念有词"这道题跟第××题有点像的";有时,他专注地拿几块拼块放过来试试看……大部分时候,他头也不抬。当然,有时候他也会拿着拼图哒哒哒地跑过来,开心地告诉我"这像是海面上的太阳",再哒哒哒地跑回去。

有一次,他在做题目时自言自语,"这道题是错的"。我在教室里巡视,没把他这句嘟囔当回事,对他说:"你再多试试,最好把这些所有的拼块都摊开在桌子上,方便查找。"过了一天,他依然说"第93题是错的"。我心想:"怎么会错呢?不会是你做不出来吧。小家伙,是时候让你见识见识我的厉害了。"于是我也做了起来,做了半天,拼不出说明书里要的图案。只好又往后面翻了答案,我最终确认,用现有的这些图片的确是拼不出说明书图纸给出的样子的。这一刻,我对他更加佩服了。我叹了口气,对他说:"你是对的,是书上画错了。"他又开始嘀咕:"这里不应该有这个,因为这个会被遮住的。"我一边说"看来你还真挺厉害啊",一边暗暗佩服他的观察能力。

还有一次,芃芃本来在玩别的,另外一个孩子在玩这个"五颜六色"的玩具。当他路过人家的桌子时,瞄了一眼,便对人家说"这个要再转一下才行",就像一个钢琴高手可以瞬间听出别人弹错的那一个音。那孩子对这份玩具并不特别熟悉，每完成一题都很是惊喜，还会把我叫过去给我展示自己的成功。遇到困难时，那孩子过来向我求助，芃芃在旁边听到了，走过来说"这个是 47 题，我知道的，你要这样拼，还需要再放一个绿色的(拼块)"。

我瞬间愣住了——"他怎么连每道题目的编号都能记得住？他当真说得对吗？"——我把说明书上拿过来一看，的的确确写着"47"。虽然他并没往这边看，但是他说得一点都没错！我惊讶地问他："你连题目都背出来了？"他笑笑说："对呀。"我不信，又拿出几道题目问他，他说的都是对的！好吧，资质平凡的老师再次被小孩子给镇住了，从此，我也把这件事当成一桩趣事，逢人便说"我们芃芃每天玩这个拼板，竟然把每道题目都背出来了"。

再来讲一件芃芃身上发生的故事，也是十分有趣。大班上学期，有一次课上讲到了上海的地铁。活动后我找来一份上海地铁地图，铺在桌子上，想着感兴趣的孩子可以来看一看。没想到，芃芃对这地图特别感兴趣，活动后的游戏时间里，他一直趴在这张桌子边埋着头看这张地图。他先是从地图上去找自己熟悉的地名，比如"中山公园""人民广场""陆家嘴"，一会儿又根据地铁线路的颜色去观察每一条地铁线，嘴巴里嘟哝着"去外婆家要坐 7 号线，到场中路"……

我对他的这个行为非常感兴趣，坐在他的对面观察了好一会。我问："你观察到了什么？"他说："11 号线可以去迪士尼。"我说："从我们这里怎么去呢?"他在地图上比画了一番以后说:"可以在江苏路换乘。"我递给他几张纸和一支笔,他把自己的发现记录了下来。等我巡视了一圈又回来的时候,他把一张写了很多字的纸递给我,我问道:"这是什么?"他对我说:"题目啊。"原来,这小家伙竟然还给我出起题目了。题目是这样的,前面写了几个地铁站的名字,后面横线上让我写出对应的是几号线。我觉得有趣,做完他出的题目,又给他出了几道题……就这样,一整场游戏时间,他都在津津有味地研究这张地图,完全不受旁边小朋友的影响。

第二天下午的游戏时间,芃芃依然趴在桌子上研究地铁线路图。他就这样默默地看啊、比画啊、嘴巴里念念有词啊……突然,他跑来说:"我发现11号线是最长的!"这着实让我吃惊了一把——11号线的确是上海最长的地铁线,但是,他是怎么看出来的? 地图上每一条线都是弯弯曲曲的,很难判断啊! 他是怎么想到去比较每条地铁线长度的? ……满脑子的疑惑总结成一个问题:"你怎么发现的?"他回:"看出来的啊。""怎么

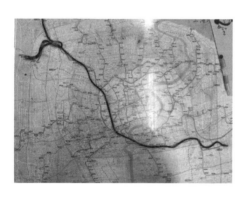

看出来的呢?""就是我发现的。"我一时语塞……

顾老师说:"有什么方法能证明11号线比别的地铁线长?"芃芃说:"量一下呗。"顾老师拿来一把长长的直尺给他。芃芃比划了一下,发现直尺测不出。

就这样停顿了一会儿,顾老师笑着说:"那你看看教室里还有什么材料能帮到你?"小家伙思索了一会儿,

说:"可以有绳子啊,绳子是软的。"于是,后来,就有了这个。

以上这两个故事我反复回味,我反复思考的不是"一个很聪明的孩子有了一个很棒的发现",而是"为什么这个孩子可以做到"。不可否认,芃芃是一个很聪明的孩子,爱观察、爱思考、能专注,但我觉得更重要的是——他钻研的都是他发自内心感兴趣的,是他觉得好玩有趣的;在观察能力和思维能力的加持下,他还总能从中寻找到更大的乐趣,从而形成了"积极探索"的正向循环。他的成就感并不来自于成年人的肯定和赞美,而是完全出于自己内在动机的满足,而正因如此,他才总是能破除我对一件事情的既定印象,做出令我惊喜万分的成果。

我想,不只是芃芃,每个孩子的心灵里,都有一股蓬勃的力量,这股力量驱使他们去取悦自己、挑战自己、不断地获得更大的满足感,只是每个孩子找到的方向不同。这一点,让我想到谷爱凌、苏翊鸣。我们的孩子这么棒,我们大人也要努力呀,尽力呵护他们、用心滋养他们、全力支持他们,去见证他们的成长吧!

后记:

前段时间跟同事们分享了王悦薇老师的《一个很好很好的小孩》,借此机会也重新读了一遍这本书。我很喜欢王老师和她的文字,因为她的文字清新、质朴、生动,为我们刻画了许多活灵活现的小朋友的形象。阅读的时候我在想,我身边也有很多有趣的孩子,如果让我来介绍这些孩子,我能写出这么打动人心的文字吗?

阅读王老师的文章,我发现她的写作功底特别深厚(毕竟是语文老师),常常寥寥数笔就能把一个孩子的形象大致刻画了出来。她的故事读起来总是那么引人入胜,我也很想试试看,学一学这种轻松活泼的写作方式。于是,就有了这篇反思。

其实,班级里那么多孩子,每一个都很特别,每个人身上都有很多好玩的故事。就像今天的主人公芃芃,当我开头第一段写好之后,我同时在脑海里浮现出许许多多的画面——芃芃他有点不拘小节,为了学习剪纸,用掉了很多手工纸,把桌上、地上弄得一团乱;他语言表达能力很好,小班第一次家访时,他跟爸爸说话时就是普通话和上海话交替,英语也不错;他活泼多动,上课时总是扭来扭去,看上去心不在焉,但是被叫到回答问题时却能讲得头头是道、很有逻辑;他很有自己的想法,自己认准的事情根本不在意别人的意见;他想象力很丰富,收积木的时候总是把自己当成一辆大吊车,一边搞怪一边整理;他对待小朋友很友善,会耐心地教诗诗下五子棋,还能用清楚的语言讲出下棋的策略;他有一次跟钱屹霖吵架了、哭得很伤心,是因为钱屹霖说"我不想跟你做好朋友",而他说"我爸爸说了我们每个人都是好朋友"……这么多故事一股脑涌入眼帘,我该如何取舍? 最后我想明白了,所有的写作说到底还是为了"写作者"的目的服务的,也就是说我应该有一些预设。确定了这一点之后,我开始有目的地从诸多的故事中筛选了一些来讲,也终于让故事不至于"大而无当"。至于讲故事的语言,写完以后我反复读了好几遍,把不需要的文字统统删掉了,希望能"学到"一丝丝王老师文章中的韵味。

● **与你对话**

谢谢石老师的信任,愿意把这篇轻松活泼的反思分享给我看,其实说来也真是很巧,今年寒假班虽然我就带了一天,但当时芃芃小朋友对于拼图玩具的痴迷也给我留下了深刻的印象,最主要的是,"第 93 题是错的"这句话他也对我说过,我当时的反应和你一样,心想"哇,这孩子的观察能力也太强了",还对他进行了一番夸赞。(哈哈我在想他是不是会对每个关注他玩拼图的老师都讲过,毕竟这的确是一件了不起的发现呢。)再看到后面你描述的他对地铁的"研究",更是让我心生敬意,我想大抵我们俩都是被这个孩子身上的"专注力""观察力""钻研精神"深深地打动了吧!

看到你的题目是"一个很有趣的小男孩",不禁让我想到一句话"好看的皮囊千篇一律,有趣的灵魂万里挑一",虽然这句话已经耳熟能详,但我一直都觉得,孩子们真的都是有趣的灵魂呀,就像你笔下的"芃芃"小朋友沉浸在拼图玩具的世界里,研究地铁的"秘密",用强大的好奇心去发现"普通"事物下的"不普通",看似"无趣"的地图里也能发现"有趣"的事情。和他们相比,我们成人有时候真的是无趣甚至是无聊,为了一些无关紧要的小事烦恼甚至争吵,因为别人的一句话不开心或者焦虑……每次我自己不开心或者看到周围人因为鸡毛蒜皮的事情烦恼或争吵时,我都想对自己和她们说:"看看孩子们吧,向孩子们学习吧,这个世界有这么多有趣的事情,哪有时间浪费在无关紧要的人和事情上呀。"

写到这,突然就想到自己最近这几年对于"有趣"这个话题也有一些自己的理解,也想和你分享,不知道你和我是不是有些类似的体会。其实读了研以后,有一段时间我发现学术没有我想象得那么有趣,甚至有些枯燥无味,于是我的学术热情就直线下降,学术梦想也有些幻灭,但当我每天还要被各种事情推着走的时候,我一度感觉很抑郁甚至有些怀疑人生。如果人生有低谷期,我想刚读研那会儿也算是我人生中的低谷之一吧。在那段时间里,其实给我很多治愈力量的就是文学和音乐。我开始大量地阅读以前很少涉猎的文学书籍,在书里,我被海子、顾城的诗歌安慰,被中国诗词的意境之美震撼,也被托尔斯泰笔下的一个个人物打动;我还开始欣赏古典乐,自学吉他,去感受古典乐带来的心灵深处的宁静和抚慰,体验唱歌带给我的快乐。在阅读和音乐中,我建构了自己的世界,也正是当我把自己的"研究"兴趣转向它们的时候,我的世界也变得更加开阔和有趣了。正是有了这段经历,让我意识到,人生苦短,试着让自己变得更加有趣一点吧,其实万物皆有趣,一棵树、一束光、一条鱼,当我们被当下困住,不妨忘掉当下的处境,像这位"很有趣的小男孩"一样,发现平常琐碎的幕布后面带给我们的惊喜和感动,生活或许会给我们呈现另一种样貌吧。

最后我想说,看到你后记里说到这篇反思学习了王悦薇老师的写作风格,我觉得你第一次写就写得很好呀,这其实就是一种教育叙事吧,生动有趣又有一些哲思,未来我也想尝试这种写作风格,把我们班"有趣的灵魂"记录下来,以后等他们毕业了再看看肯定很有意思吧!

对话者:赵舒悦

## 【徐文怡:当她开始哭闹,她想告诉我……】

本学期,作为教师的我有幸迎来了第一批托班孩子。面对这个世界上最柔软的群体,年幼的他们懵懂又稚嫩。但小小的他们同样有自己的想法,只是受限于语言表达能力的限制,他们表达自己的方式很特别,更需要老师用心去"读懂",去"呵护"。

知之,是我班年龄最小的女孩。小小的她在入园头两天居然没有一点点哭闹,每天情绪平稳地来园、离园。在园期间,她表现得不声不响,乖巧不调皮,懵懂但也不突兀。有时候,我们能够察觉她有些闷闷的,却也只是以为她年龄小,竟丝毫没有察觉她内心的波澜。与之形成鲜明对比的是,其他孩子的哭闹,占据了老师大量的时间。老师抱着、哄着,大部分的注意力都在他们身上。然而,这个小小的、坚强的小女孩却只是默默地在一旁独处着。

第二周,知之出现了非常显著的情绪波动。和外婆说再见时,她哭得撕心裂肺。进入教室,她虽然依旧会抽泣,却很少大声哭闹。但是,她表现出对老师非常强烈的依赖。还不怎么会说话的她,紧紧拉着老师的手,跟着老师去每一个地方,黏着老师带着她做每一件事,和第一周默默站在一旁的她截然不同。

知之怎么了? 我们该怎样缓解她的焦虑? 我们尝试用更多的时间去观察、了解她。慢慢地,我们读懂了她的诉求,我们发现知之从来不"无理取闹"。她更多只是希望获得老师的"关注"与"陪伴",她正尝试用自己的方式来表达自己的想法。当她发现哭闹的孩子往往能获得老师更多的关注与陪伴时,她尝试模仿这种方式来试探自己的力量。她的行为也引发我们更多的思考。

知之这样默默的、不凸显的孩子其实还有很多,而这群孩子恰恰是我们最容易忽视的群体,他们在班级中很容易成为"小透明"。作为教师,我们要有意识地去关注那些不善于表达的孩子,恰恰是因为他们不博人眼球,反而更需要关注。他们的内心同样有丰富的世界,相比于外向的孩子他们更难被读懂,这更需要我们用心走进他们的世界。

小托班初期,老师很容易被哭闹的孩子所牵绊,哭了就要抱,吵了就要哄,却往往忽视了这样的行为对于其他孩子的影响。在他们那个小小的、简单的世界中，他们很容易形成"哦，这个办法有效"的想法，从而跟随、模仿，只为了让老师能够更多地"属于"自己，引发更多的哭闹。这时教师要有意识地调整自己的行为，更明确表达自己的期待，通过拥抱、接触，传达对幼儿情绪变化的肯定，积极引导幼儿。

小小的他们从家庭走进社会，面临着巨大的改变，在这里他们不再是众星捧月，他们需要学会和其他孩子分享老师的这份"爱"。这对于小年龄的孩子来说是非常不容易的。这也对教师日常表达输出的方式提出的新的要求，作为教师需要用适宜的方式把"爱"传递给更多的孩子，在生活环节中通过日常生活照料，让孩子感受"爱"与"被关注"，环抱他们小小的身体帮助他们穿裤子，近距离照顾他们吃饭、喝水，来园或是起床时的一个抱抱，这都是很好的契机。此外也要充分运用非肢体接触外进行情感输出，如目光关注、语言肯定、材料互动等，弥补教师肢体互动广度的不足。在这里，孩子所获得的"爱"不会减少，只是有所不同，教师的用心与耐心，才能帮助孩子慢慢适应变化。

这就是知之的故事，感谢她用自己的方式让我关注到这个特别的群体，每个孩子都值得被呵护，要真正实现这份承诺，我还需继续努力。

### ● 与你对话

虽然故事很短，但是我看得鼻子已经有点酸了。因为我的脑海中立刻浮现出很多这样的孩子的影子，从我第一年带班到现在第七年，我也曾经无数次反问自己，是不是做得还不够？该怎样平衡这么多需求？如何去呵护那些敏感内向的孩子？

这学期，我走进了这个新的班级，我发现虽然已经大班了，但这批孩子们还是非常需要老师的关注、回应、陪伴,这种程度超出了我以往对大班孩子的认知。有的孩子只敢走近了轻轻地跟我讲话,有的孩子每次做游戏都要来找我或者朱老师,有的孩子对于我的一句小的鼓励开心不已……大二班女孩子多,胆小的孩子多,传统意义上的"皮大王"很少,而我似乎也终于在这个班级身上找到了那股安静的感觉,找到了和每一个孩子静静相处的机会。我非常珍惜这种感觉,也常常能在和他们互动的日常里获得微小的快乐和满足。

最近越来越觉得,孩子多有意思啊! 每个人之间的差异那么大,但是来到幼儿园,他们就天然地喜欢我们、信任我们。而我,可不要辜负他们的这份信任啊!

对话者：石凤梅

## 第二节　专业指导——相互指引,通悟教育的智慧

教育不仅是一种知识的传递,更是一种智慧的启迪。以你所获,启我所思,在彼此相互指引中,"我"和"我们"共同领悟教育的智慧。

### 【徐文怡:自主游戏中如何通过教师支持推动幼儿"童趣"发展? ——以 MOMO 建水库为例】

MOMO 想要造一个大水库,但是无数次的灌水试验后,他发现沙池怎么都留不住水,水库似乎无法完成。此时的 MOMO 陷入了迷茫,他开始游走,但我发现他仍似乎对于水库有些执念,他仍没有修改计划,即便走开还会时不时地回到游戏中。基于前期的观察,我觉得此时或许我

可以做些什么。由此在后续两个月游戏时间里,我先后进行了三次试探性的介入支持,助力 MOMO 完成了他的设想,当他们最后实现想法时,我看到了他们满满的成就感与满足感。(这段描述特别简洁、明了地概括了案例的主要内容,为你的语言组织点赞!)

结合"童趣"要素再回顾这个案例,我将依托童趣的发展性与科学性,结合教师支持四要素(目标、时机、途径、成效)进行反思与分析,借此机会与大家分享。

### 目标——自主游戏中教师为什么要介入支持?

这个问题的核心在于思考,学龄前游戏对于幼儿的发展价值核心是什么? 在发展性的具体指标中也有所提及,梳理核心关键词:成长经历、学习兴趣、良好习惯、学习品质。这些关键词对于我们而言最大的触动是什么? 比起学科知识,我们更关注幼儿的经历、习惯、品质、品格的发展。这个道理其实我们都懂,但是在实施过程中很容易走着走着就偏离了。在之前提及 MOMO 建水库的案例时,我也会把更多的注意力放在 MOMO 对于沙水特性的了解以及后期接管道的技术提升上,但是其实这并不是我们真正迫切需要教给孩子的。如果目标就是偏离的,那么我们所有的互动实施以及后续的成效反思都会是偏离的。于是,修正方向后我又一次重新思考其中的每一次介入。

在此之前,我想需要先了解下,我们所关注的学习习惯、品质,该如何实现发展,其发展要素是什么? 将文献进行简单梳理:

主动:动机、兴趣、自我效能感……

专注:动机、兴趣、自制力……

探究:兴趣、好奇、有一定的经验积累与探究方法……

创造：自我效能感、批判思维、有一定的经验积累、有发挥的空间……

……

其中，我们可以看到不同的学习品质形成的核心要素是有共通的，并且在把它切割后其实可以感受到与幼儿的关系更紧密了。而对我们教师来说，我也清晰地了解到要实现支持幼儿学习习惯、品质的发展的目标，我们应该怎样去培养这类特质的幼儿。

此反思案例，在第一次介入中，教师只是提供了一个材料暗示幼儿可能，幼儿虽然接纳了，但并没有激发太大的波澜。孩子试了几次状态后又开始低迷。而在第二次介入中，教师搭建了一个大大的管道滑滑梯，却引发了幼儿后续游戏的一次大跳跃。两次介入的作用截然不同，原因是第一次介入中教师关注的是提供解决思路，但这不是孩子需要的，此刻他更需要的是情感的调动，而第二次介入中教师的作品超出了孩子原有的设想，极大程度地吸引了幼儿的兴趣。这种"兴趣"是幼儿后续所有成长发生的基础。这就是孩子，他的兴趣的影响作用远远强于动机引发的自制力，甚至他的动机也会因为兴趣的转移而不断的变化。（这句话我没理解，可以详细解释一下吗？"动机引发的自制力"是什么？）

由此，下次再遇到这个情况，我会首要去考虑"兴趣"因素的支持。目标明晰后，我们再尝试介入支持，就有了更加明晰的方法，且这个方向会是适宜的，引领着后续的时机判断、途径选择以及成效判断。相反，如果我们把"解决问题"的能力放在首位，那么我所得出的结论又会是不同的。

### 时机——自主游戏中何时需要介入支持？

这个已有研究比较多，相信大家也比较熟悉，在此也就不赘述了。

通常以下情况，我们会介入支持：

1. 幼儿主动寻求帮忙；

2. 幼儿即将放弃→第一、二次介入；

3. 幼儿出现矛盾冲突；

4. 幼儿长时间地重复同一行为→第三次介入。

第四种可能通常是我们会犹豫的。幼儿长时间重复同一行为，到底是在探索，还是进入了瓶颈期。这个判断可能需要教师一段时间的观察才能得出结论。

➢ 在观察中教师要关注幼儿重复行为中本身是否有变化，哪怕是细小的变化，都是他学习、探索的过程。

➢ 对于大年龄的孩子可以尝试对话、询问，进一步了解他的想法以辅助判断。

如要尝试支持幼儿突破、发展，可以挖掘在幼儿现有游戏行为之外的新可能、新玩法，观察对于幼儿是否会有影响。

时机判断上，幼儿的个体差异是极大的，不同孩子的需求也是不同的，教师的判断要基于对幼儿自身特质、当前状态的足够了解，避免以一种模式应对所有的孩子。

### 途径——我通过怎样的方式介入支持？

直接介入：共同游戏、平行游戏、组织讨论等

间接介入：环境支持、时间保障、材料暗示等

在这个案例中，教师第一次介入采用的是材料暗示，通过材料启发

一种新的可能。这种介入方式的前提在于幼儿本身对于材料特性熟悉、有相关经验。而案例中的 MOMO 对于这方面的经验是欠缺的,因此教师提供的材料其实对于幼儿所产生的影响非常有限。

第二次介入中,教师通过平行游戏进行介入支持,达成制造冲突引发幼儿游戏兴趣的目的。这里所提到的冲突,可能是新经验与幼儿原有经验间不相符,也有可能是有差距。这种矛盾或是差距,带给幼儿的冲击可能进一步引发幼儿突破已有经验、产生新期待(本案例中,当幼儿对于原有计划的期待感逐步走低时通过管道的新玩法唤起幼儿的探索兴趣),也可能为幼儿的游戏行为提供观察范式、引发好奇心,从而产生作用(如拓印过程中幼儿始终不记要领,教师说我可以,然后演示全过程,通过结果的不同引发幼儿反思过程的差异)。

第三次介入中,教师通过过程中的与幼儿讨论核心问题,调度幼儿已有经验,直指要点从而帮助幼儿解决技术性问题。

途径的选择,没有对错,只有是否适宜,针对不同的孩子,我们的选择也会有所差异,童趣的科学性判断对于途径的选择可能会有所启发:

1. 符合幼儿需要(幼儿是互动过程的主角);

2. 适合儿童天性(充分考量感知运动思维阶段幼儿的特质);

3. 幼儿力所能及(了解幼儿,响应所需);

4. 对幼儿有适度挑战(制造在最近发展区内的冲突)。

### 成效——我如何判断自身的引导支持是否适宜?

判断的成效的两个要素:

1. 幼儿是否愿意主动接纳,在后续孩子游戏中是否有所反馈与影响(为幼儿所需)。

2. 实际走向与我预期的幼儿发展是否一致(如我预期)。

在幼儿自主游戏中,"教师"同样是个重要的角色。尤其,当要在趣味之余进一步追求突破与科学发展时,教师的作用更是不言而喻的。但是作为教师,在大胆发挥自身作用的同时,也要不断地对于自己的行为进行自省,不断地从儿童立场、发展目标等教育价值回溯自身支持行为的适切性。由此,才能真正成就孩子的活力发展,教师的专业成长。

● 与你对话

你一直说"MOMO 建水库"已经是一个发生在几年前的故事了,不想来来回回讲这个案例,不想炒冷饭。但是在你一次一次的介绍中,我看到了进步。这种进步不仅仅体现在具体的游戏指导策略方面,还体现在你的教育观、儿童观方面。尤其是这次的分享,你不仅讲了自己是如何支持 MOMO 的,还向深处挖掘,思考早期教育的核心价值和最重要任务是什么。其实,这些问题也是我在这一两年里思考比较多的,也跟你分享一下我的想法:

首先,我们应该培养什么样的孩子? 身心健康、有好奇心、愿意主动探索、有专注力、有韧性、友善、有思考力……也就是你上面提到的那些学习品质。当我们紧紧抓着这些的时候,其他块面似乎就自然而然就"靠边站"了。除了在游戏中,在方方面面的师幼互动中,我们都应该多想想这个问题,可能时间久了,内心会更坚定,行动也会更加自然。

其次,关于游戏,文章第一部分,你讲到第一次干预提供材料暗示效果不佳的这段时,我想到:我们都知道对不同的孩子、在不同的场景下,同一个方式的效果也各不相同。所以我觉得在不强硬打断孩子的基础上,老师适度的尝试都是有意义的。只是有时会激起涟漪、有时不会。过后,我们可以分析效果好或者不好的原因,但是不必过于多虑。老师自己也应该放松一点。

另外,MOMO是一个目标感很强的孩子,他的目标明确,遇到问题以后老师很容易识别和进行后续的支持。与此同时,游戏毕竟是孩子自主自由的行为,在我的教育实践中观察幼儿游戏时,我觉得很多时候我是"插不进"甚至"不必进入的",有些"存在的问题"也不过是我头脑中的主观判断。两者之间的度如何把握,我也在不断探究。好像我们唯一能做的,还是"观察"和"尽可能地理解"。下次我们可以拿更多的案例来分享,看看能不能抓到某些线索。

对话者:石凤梅

### 【赵舒悦:关于游戏分享的几种尝试】

本月,我们在户外游戏分享中尝试了几种不同的组织形式,试图更多发挥孩子分享的自主性并提高分享的深入性,现将其总结如下。

#### 一、教师发起的游戏分享

关于教师发起的游戏分享,主要是指分享话题由教师发起、组织形式由教师决定、提问方式也由教师确立的游戏分享。在尝试中,我们在教师发起的游戏分享中采取了以下两种方式。

#### 集体分享

集体分享是我们常用的游戏分享形式。这种形式需要老师具有较高的语言调度能力,对于幼儿的注意力也有较高要求,幼儿需要在较长一段时间集中注意力倾听。在初步尝试下来,我们发现集体分享的优势是能够引导全体幼儿就某一分享内容展开讨论。但是对于未参与游戏的幼儿或缺乏此类游戏经验的幼儿来说,较难调动其注意力倾听并参与讨论。比如一次分享中,教师发起"水管漏水怎么办"的话题试图引发幼儿的思考与讨论。从幼儿的回应中,我们发现只有参与游戏的幼儿在回应,其他幼儿由于缺乏直接经验较少参与讨论。

此外,对于新教师而言,集体分享的形式有较高的挑战性,对于常规管理的要求较高,尤其是在沙池当中进行分享时,脚底的沙会分散幼儿的注意力,导致教师要不断地停下去管理纪律。因此为了解决幼儿兴趣差异问题,我们开始尝试分组分享。

## 分组分享

考虑到幼儿的兴趣差异,我们开始尝试分组展开游戏分享,其中又根据不同的游戏类型尝试了不同形式的分组分享。

1. 建构游戏中的分组分享

在建构游戏中,我们运用"放小花"的形式开展了分组分享,开展形式是:两位教师在观察游戏中选取两个价值点,在游戏结束中在两个区域放两朵小花,幼儿自主选择感兴趣的区域,参与讨论。在尝试后,我们发现这种形式能充分调动孩子的表达欲望,幼儿的注意力也更加集中,同时由于分组同时分享,教师可以选取两个或更多分享内容展开讨论,并且能够扩大发言面,幼儿的参与性有所提高。

2. 沙水游戏中的分组分享

在沙水游戏中,我们也尝试了分组分享,主要由两位教师选取不同游戏内容进行分享,幼儿根据兴趣自主选择参与讨论的组别。在初步尝试后,我们发现这种形式能够让平时较少发言的幼儿都参与发言。一组

12—15 人,与集体分享相比,在同样的时间里,教师也能够针对某一问题展开更深入的引导与讨论。

## 二、幼儿发起的游戏分享

关于幼儿发起的游戏分享,主要是指分享话题由幼儿发起、组织形式由幼儿决定、提问方式也由幼儿确立的游戏分享。在尝试中,我们发现对于中班幼儿而言,完全由幼儿发起游戏分享还有些困难。首先是话题选择上,幼儿都想分享自己的游戏内容,由于时间关系,还是需要教师决定由哪几位小朋友分享。此外,幼儿也不知道如何组织游戏分享,还需要老师帮助其维持秩序,并提出问题给幼儿展开讨论。但是,对于语言表达能力较强的幼儿,由幼儿发起提问,我们尝试下来可行,对于提问者能够促进其语言组织能力,对于聆听者也能有效提高其倾听能力。未来,由幼儿发起游戏分享形式我们还会进一步探索。

## 三、目前游戏分享面临的困境

### 1. 时间不够

在一次次的尝试中,我们发现时间不足一直是我们很难破解的困境。中班孩子吃完点心到达沙池已近 8:30,为了不影响后面的运动时间,教师基本上 9:00 要组织幼儿进行游戏分享,去除换雨鞋、搬凳子等时间,孩子们真正投入游戏的时间不足 30 分钟。我一直认为好的游戏分享,一定是建立在教师充分观察孩子游戏之上,并且幼儿有话可说,有好玩的游戏创意可以介绍,一定不是"为了分享而分享"。但目前的情况,我们觉得由于游戏时间缺乏保障,教师着急推进孩子,孩子也很少有新鲜有趣的游戏创意,很难有持续性的问题探索与解决的过程……因此,目前的游戏分享很难保证质量,有时会因为"赶场子"无法深入讨论下去某一话题,随后又因其他事情耽搁了游戏分享的持续推进。

当然,为了保障幼儿游戏时间,我们教师自身也做出了一些调整,如:分两批带幼儿下去,跟来得晚的家长沟通,提醒幼儿早些入园,提醒幼儿加快吃点心速度,加快换雨鞋速度……尽管这样,我们依然觉得力不从心,"赶场子"的疲倦感、"无法深入推进幼儿游戏"的无力感时常席卷而来。

2. 分享面不够,对个别幼儿游戏的推进不够

尽管我们尝试了分组分享、幼儿自主分享等形式,我们依然发现,在游戏分享的主题中,教师似乎更会关注自己觉得有价值的选点,而这些分享内容是班级中能力较强、游戏创意较多的孩子的游戏内容,如接水管、做蛋糕……并且由于有时教师"很想要"分享点什么(因为作为新老师的我,常常觉得不知道分享什么),会有意识地参与推进幼儿的游戏,而这些孩子也多是能力较强的孩子(大概是参与能力较弱的孩子的游戏,很难有什么好分享的选点),种种原因,当我们去回顾自己近两个月内游戏分享的选点、组织与开展时,我们还是会发现,幼儿的分享面不够广,缺少对于能力较弱的孩子分享欲望的关注。

3. 后续支持不足

关于游戏分享后的后续支持,我认为当前是存在不足的。主要问题在于,教师很难有个相对空闲的时间坐下来跟幼儿继续聊聊上午游戏还没分享的点,或者拓展幼儿的游戏经验。原因有二:一是当前幼儿一日生活作息紧凑,中班幼儿上午两小时户外活动,下午又要进行各种活动室的活动,幼儿在教室的时间较少,在过渡时间开展游戏分享又很难集中调度孩子的游戏经验。二是教师的支持准备不足,我们在游戏分享结束时常常会以"慢点我找些视频、图片给你们看看……"这句话收尾,但

常常说完这话教师就会被其他事情打断,无暇顾及孩子的游戏经验的提升与拓展了。

针对后续支持不足的问题,我们也尝试过在周五下午不去活动室,集中对一周的游戏进行总结与拓展。但尝试效果并不佳,原因可能是一些孩子关于游戏的经验有所遗忘,对于之前面临的问题也失去了探究的兴致,并且下周又要换游戏类型,孩子的游戏经验无法再次落实。

**四、对于游戏分享的一些期待**

以上是十月份关于游戏分享的尝试与思考,深觉自己思考浅薄不够深入,也常感在当下"快快快"的节奏中很难静心思考"如何有效组织高质量的游戏分享",期待教师能围绕游戏分享开展更多实质性的探讨,而非架在高空中的理论;也期待自己不要这么着急,给孩子一些时间,也给自己一些反思的空间;期待在游戏分享中教师和孩子都能更多感受到愉悦,发自内心地去分享、交流、碰撞出更多的火花。

● **与你对话**

在看你的反思时会非常有画面感,因为这些困惑或卡点也是我所遇到的,而你对于关注每一个孩子的追求也会让我觉得很佩服。我觉得随着"关注每一个"的理念不断被强调,游戏分享交流的形式也会发生转变,就像你和胡老师尝试的分组,确实能够基于孩子的兴趣,也让更多的孩子有机会表达。甚至若干年以后,集体游戏分享交流不复存在……集体吃饭、如厕、统一的作息这些都是工业化时代的产物。

我觉得分享交流的功能有这些,当然不一定全面(促进幼儿发展这个功能太笼统,所以写了一些具体的):

- 老师向集体介绍玩法/方法，让大家都知道（效率）；

- 发展语言表达能力；

- 集结智慧解决问题；

- 分享情感体验。

根据这些功能，我觉得在忙碌、赶场的情况下，可以的尝试有：

- 不一定每天游戏都安排集体的分享交流；

- 把老师介绍玩法的部分转变为视频或其他形式；

- 游戏观察时的互动也是一种分享交流；

- 游戏后和没有关注到的幼儿互动；

- 教室里创设一个具备分享交流功能的环境，例如游戏日记，老师可以先自己记录，一张照片配上手写的文字。例如电视机滚动播放幼儿游戏时照片，幼儿自发地讨论，教师也和孩子聊聊天，进行轻量的"分享交流"。

以上是一些"想到什么就写下来"的想法，现在再搬运一点理论知识吧。

很久以前读了《发展适宜性游戏：引导幼儿向更高水平发展》，里面把游戏分成了三个水平，以及向高水平发展的策略，供你参考。我想分享交流也是为了提升游戏水平，支持幼儿发展吧。

- 混乱失控的游戏：吵闹、危险、极端欢闹、争议冲突的。这时候要为儿童营造控制感、稳定感，规划儿童的游戏选择。

- 简单重复的游戏：重复的、没有创造的模仿（这对小年龄幼儿有益）。这时候要提供新信息、新挑战。

- 有目的、复杂、让幼儿聚精会神地游戏：全身心投入，打开的状态，表现出有能力、积极主动，使用抽象思维、符号的能力。

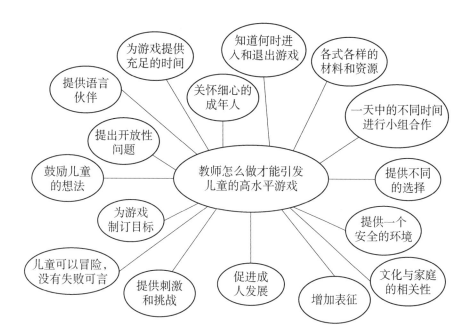

最后想说,最近感觉越是忙碌越是不安,总感觉好多事情没做,感觉错过了好多次孩子发展的契机,不过慢下来想想,会觉得"尽人事,听天命"吧,再分享三句我很喜欢,也会宽慰到自己的话:

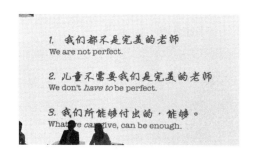

对话者:邢乃雯

## 【邢乃雯:"慧"是什么?】

从确立"真儿童·慧成长"的课程理念至今,虽时间不久,但因为这一理念的简洁、易于理解,老师对它熟悉了起来,也时常会提起。同时,幼儿园围绕着课程理念开展了一系列的大教研,也加深了老师对"真儿童·慧成长"的印象。

原本以为在课程实践中遇到问题或即将着手实践,我只要像阿里巴巴那样默念"真儿童·慧成长"的"通关密语",就能看见前进的方向,可实际上并不是这样的,问题、疑惑,它们还在那里。

我感到"真儿童·慧成长"的内涵并没有被挖掘或者丰富起来,"挖掘"是把本身具有的内涵呈现出来,如果有一些根基,无论是理论的还是哲学的或者其他,挖起来会更方便一些。"丰富"更像是匹配,把符合的放进去,现阶段"丰富"做得更多,"挖掘"做得较少,因为"挖掘"还蛮难的。

《幼儿园课程领导力在生长》中提到"课程愿景和目标要具体化、可视化、可理解",当我试着阐述"真儿童·慧成长"的理解时,我发现无法将它具体化、可视化,而是冒出了一个个问题:

**如何定义真儿童?**

除了"天真、烂漫、可爱"等等的词汇,还有没有更加"本质的东西"?比如儿童的发展规律?比如艾莉森·高普尼克通过研究发现的:儿童天生就是积极主动的学习者、有着超强的学习能力和开放性?比如从人类发展的视角去理解儿童?这些"本质的东西"能够帮助老师形成科学的儿童观,支持老师在无法解读儿童时提供指引或视角。

**如何理解"慧"?**

回顾大教研关于"慧成长"的讨论,我们习惯于描述孩子解决了什么问题来说明他们的成长,却很少去聊"慧"到底是什么? 我认为把聪明、会动脑筋解决问题等同于办园/课程理念中的"慧"是一种简化,如果把幼儿园现有文本资料中的"慧"都替换成聪明、会动脑筋解决问题,就感觉少了些灵气,多了点滑稽:新实验人快乐、聪明、会动脑筋解决问题。

再回到文本上:

慧成长——丰富儿童的成长经历,让孩子像孩子一样快乐成长(课程实施方案)。

办园理念"乐慧",即培养快乐而稚慧的幼儿;激励快乐而致慧的教师;互动快乐而至慧的家长(园所简介)。

**所以我在想:"慧"是什么?**

同时幼儿园"乐慧"的理念根据主体的不同,具体的诠释也不同。

快乐而稚慧的幼儿:适应变化的多元环境,喜欢尝试而能坚持,在成长中释放天性。

快乐而致慧的教师:保持积极的职业态度,乐于在工作中学习,在实践中获得成就。

快乐而至慧的家长:成为忠实的园所伙伴,愿与孩子共同体验,在交流中增进信任。

抛开幼儿园赋予稚、致、至的解释,我认为"乐慧"也可以更通俗地概括为:让孩子、老师和家长都变得快乐和智慧。从更宏观的角度看,孩子、老师和家长都是人,那么"乐慧"所追求的便是:让生活在幼儿园中的每个人成为快乐而智慧的人(包括保洁、保安、保育员、营养员等)。

**所以我又想:如果"慧"指的是"智慧",那"智慧"又是什么?**

它是可以言说的吗? 如果不可言说,那要如何让"慧"具体化、可视化、可理解？

当"慧"后的主体不同时（幼儿/教师/家长），"慧"的含义会发生变化吗？

同时，对于三个不同的主体，"慧"是否又存在一个共同的含义？

**"智慧"虽不可言说，但仍可以追求。**

《幼儿教师的教育哲学观》里梳理了人类对智慧探寻的三种路径：知识论路径、人类学路径以及形而上路径。

知识论路径认为智慧是通过知识的习得而获得的思维能力。人类学路径认为智慧是一种对生存环境的适应能力，皮亚杰和杜威均持有这一观点，这也让我联想到 2015 年版本的课程理念：关注幼儿的日常生活，构建幼儿可能的生活，提升幼儿的生命质量。形而上学的路径则从哲学角度论述，对智慧的定义也不同，认为智慧是探究事物本质，说出真理的过程；智慧是理性认识的能力；智慧是关于某些原理与原因的知识……

看来，无法给"智慧"一个明确的定义，不过这并不会影响我对"智慧"的追求。毕竟上述三条路径已经丰富了我对"智慧"的理解，我暂且认为"慧"包括思维能力、适应能力还有追求真理的精神，而且"慧"与哲学有着紧密的关联。

**从中国哲学中，寻找"智慧"的线索。**

稚慧幼儿、致慧教师和至慧家长本质上是在讲"支持人的发展"，而发展本身就是一个传承和创新的过程。那么从中国哲学中可以传承哪些智慧？又可以从中有哪些创新？

带着这些问题我翻开了冯友兰先生的《中国哲学简史》，试图从古人的哲思中寻找线索……

"中国哲学家的语言如此不明晰,而其中所含的暗示则几乎是无限的……语言作用不在于它的固定含义,而在于它的暗示,引发人去领悟道。"

我的理解是:"智慧"并非有一个终点、完全的状态或明确的定义,而是一个"悟道"的过程,正如我正在悟"智慧"是什么一样,最终不是得到一个结论或定义。

我想到:邀请式的环境、低结构的材料、开放性的提问发挥着暗示作用,激发"智慧"产生,由于不同的人经验不同,对暗示的理解不同,产生的"智慧"也会不同。相反,过于明确、清晰的事物则会限制"智慧"的延伸。此外,人保持开放性本身是一种"智慧"。

"哲学的功能不是为了增进正面的知识(我所说的正面知识是指对客观事物的信息),而是为了提高人的心灵,超越现实世界,体验高于道德的价值……中国哲学既是理想主义的,又是现实主义的;既讲求实际,又不肤浅……哲学不仅是知识,更重要的,它是生命的体验。"

我的理解是:"智慧"是在体验中产生的,它会对人的心灵产生影响。"智慧"超越了《3～6岁儿童发展行为观察指引》等评价维度,把人的发展放在生命长河中去看待。或许智慧和聪明的区别就在于智慧是从生活中去积累发展的。现有的评价体系中确实没有对智慧的评价,但我们在日常的带班中又能看到教师和幼儿的智慧。如你让幼儿用大拇指对每天集体教学活动进行评价,就是很有智慧的,体现普遍意义上对智慧解释——你拥有辨析判断、发明创造的能力。

我想到:仅有丰富的专业知识不能称为"智慧",体验很重要,致慧教师≠参加培训。如果大教研的流程设计只关注"增进知识、方法"忽略体验,如果教师培训只关注教师缺乏哪些知识和能力,那么就无法激发教师心灵的成长,成为"致慧教师";追求"智慧"的方法之一是成人与儿童互动时关注体验、感受(心灵),这种关注是相互的,并非"以儿童为中心",比如作为教师在反思一个活动时很少会去谈活动中自己的体验和感受,某种程度上是关闭了自己的心灵。

"共相不可能成为经验的对象。人可以看见一件白的什么东西,但是无法看见作为共相的'白'。凡名词指向的共相都在另一个世界里,那里没有形象和属性,其中有些共相甚至没有名字。"

我的理解是:按照名家的说法,"智慧"也属于共相的世界,我们可以因为某人的某一举动称其"智慧",但无法看见"智慧"本身。

我想到:当我们想要证明"乐慧"理念真正落地时,无论是智慧儿童、教师还是家长,都是通过一个个故事去体现的。

"从认识角度说,哲学家永远处于追求之中;从实践角度说,他永远在行动或将要行动。这些都是不可分割的……对他来说,哲学不是仅供人们去认识的一套思维模式,而是哲学家自己据以行动的内在规范,甚至可以说,一个哲学家的生平,只要看他的哲学思想便可以了然了。"

我的理解是:并非成为哲学家才是具有智慧,但是智慧的儿童、教师和家长身上一定有着哲学精神和内在的行动规范,从而使自己知行合一。

我想到:智慧不是某一个信条,而是由无数个从体验中生成的小智慧编织起来的系统网络。学习故事强调发现孩子的"'哇'时刻"或许就是在讲成人要去理解儿童内在的智慧。

"自由发展人的本性,可以带来相对的快乐,但要达到'至乐',必须对事物本性有更高的了解……万物的本性和天赋的能力各有不同。它们之间的共同点是:当它们充分并自由发挥天赋才能时,便同样感到快乐……万物本性不是生来一致的,强求一致也并无必要。"

我想到:按照庄子的思想,我认为"乐慧"中的"乐"是对事物本性有了更高了解后的"至乐",而"对事物本性有了更高了解"属于哲思,也是"慧"的体现。同时这段话也可以和释放天性、尊重差异关联起来。

暂时合上《中国哲学简史》,我在思考:当我们探讨"智慧"、提出稚慧、致慧和至慧时,是否更多地在讲从外部世界获得的智慧,而忽视了向内的探索?

陈嘉映在《感知·理智·自我认知》一书中写道:"认识世界、认识他人只能叫聪明,认识自己的人才叫明慧、明达。"那么"慧"也一定包含着"认识自己"。对教师而言,支持儿童去认识自我是"慧"的体现,教师从人的角度(而非职业的角度)认识自我也是"慧"的体现,两者同样重要。因为认识自我与认识世界、他人无法割裂,你在认识儿童的同时也在认识自己……

虽然通读全文,对"慧"的探讨是零散的,非常个人的理解,也没有讲清楚三个主体"慧"的区别,但我的"智慧"似乎又多了一些。

### • 与你对话

很高兴你能再次选择与我对话,也让我有机会了解你近来的所思所想,让我看到日趋成长与有思考、有担当、有责任意识的你。围绕你引发的话题,我也来说说我当初创办新实验幼儿园时,为什么会提出"乐慧"的办园理念。

2010 年我在筹办新实验时,就在一遍遍地问自己,我要办一所怎样的幼儿园? 在我脑海中最先出现的是——快乐而有智慧,这是面向所有的人而提出的。"快乐"指拥有阳光、向上、积极的心态,外显出来的就是所有人的精气神是由内而外地积极,向上又充满活力。"智慧"在当时情况下,强调做事既具有创新性,又简单朴素,期待用尽量少的投入,办好尽量多的事(新办园要在短时间内得到周围居民的认可)。同时我认为快乐和智慧是相辅相成的,"快乐"能激发人的智慧,"智慧"又能让人体验到更多的快乐。于是将"乐慧"作为我园的办园理念。"乐慧"理念定下后,我就思考幼儿园中不同人群应该是怎样的一种"至慧"状态,于是就有了"稚慧""致慧""至慧"。

"稚慧"——我强调的是"稚",我希望幼儿园能让幼儿保持天性(好玩、好问、好探究),并释放天性,也就是后来我常说的"让孩子像孩子那样健康快乐地成长"。

"致慧"——我强调的是"致",古文中的使动用法,使自己变得有智慧,我更希望教师在客观、真实地认识自己的基础上,主动地采取行动让自己变得有智慧(强调自主评价、主动学习),继而能有自己的教育智慧,让幼儿变得更有"智慧"。

"至慧"——这里的"至"是到达的意思,并且是因人而异,逐步到达"智慧"的境界。逐步理解幼儿园的教育,认同本班老师的教学行为,也更理解孩子的发展。

这三个词定下后就有了后面的三个词组:

培养快乐而稚慧的幼儿,激励快乐而致慧的教师,互动快乐而至慧的家长。每个词组最前面的两字其实是如何做的价值引导和主要做法。

之后经过大家的多次诠释才有了以下解读。

*快乐而稚慧的幼儿:适应变化的多元环境,喜欢尝试而能坚持,在成长中释放天性。*

*快乐而致慧的教师:保持积极的职业态度,乐于在工作中学习,在实践中获得成就。*

*快乐而至慧的家长:成为忠实的园所伙伴,愿与孩子共同体验,在交流中增进信任。*

这三个"慧"中,作为教师如何让自己成为"致慧教师"是另外二个"慧"的保障,因为教师通过不断的、主动的、持续的学习让自己成为专业知识扎实,实践能力强劲,与人(包括工作伙伴、幼儿、家长)沟通方法灵活有效的人,才能读懂孩子、支持孩子成为快乐而"稚慧"幼儿,并发现孩子的"稚慧"表现;才能在与家长的互动中,化解家长的焦虑,给予不同需育儿需求的家长提供策略和方法,让他们逐步抵达"至慧"。所以教师的责任不仅让自己变得有智慧,还要支持他人变得有智慧。

我对智慧的理解,它是一种高级的综合能力(可能包括但不仅限于此,创造思维能力、敏锐地感知、记忆、理解、分析、判断、决策等),且是逐步形成的。个人认为对教师来讲敏锐的感知能力对智慧的形成很重要,因为我们的工作是面对不同的人。

关于现在新实验幼儿园的课程理念"真儿童、慧成长",作为口号大家越来越认同,也常常会挂在嘴边,但其内涵,还需要大家在实践中不断去诠释。尤其是"慧成长",我觉得它既包含着教师要让自己不断变得有智慧,又包含着如何智慧地支持幼儿,让幼儿变得有智慧。所以我认同你文中讲的"那么'慧'也一定包含着'认识自己'。对教师而言,支持儿童去认识自我是'慧'的体现"。

　　一年多以前,你曾写过一篇反思,也曾引发我的思考——如何让孩子成为更好的自己? 我的回答是——要让孩子像个孩子。我也在思考我园现在的课程理念:真儿童,慧成长。当时我在准备正高的答辩时也做过一些思考,与你分享。

　　1. 尊重儿童发展规律,让孩子像孩子一样释放天性! (创设支持孩子的天性释放的环境,如幼儿园在整个园所的空间设计和布局充分考虑到游戏性和趣味性,入园长廊、沙水池、果树林等以邀请的姿态迎接孩子们与其互动,满足他们爱玩、好奇、好问、好探究的天性。)

　　2. 丰富儿童成长经历,让孩子像孩子一样学习发展! (幼儿园课程实施过程就是丰富幼儿成长经历的过程,作为老教师的我会出很多"意外",这些意外会让幼儿的经历更丰富。举例——路边捡到一只蜗牛,带到教室中,立刻引起孩子们的围观和一连串的问题,激发了幼儿持续探索的兴趣,让幼儿有了一段饲养蜗牛的经历。)

　　3. 做个懂孩子的老师,让孩子像孩子一样快乐成长! (坚持用儿童视角关注儿童的所见、所闻、所思、所想,极力地去看到儿童、看懂儿童,继而能更好地支持、激发他们不断地成长,成为更好的自己! 如我常给孩子们读我记录的他们的故事,然后倾听孩子们的想法,我写的是你吗? 你觉得哪里还需要改一下? 你还需要老师为你做些什么? 这样既让孩子们了解我对他们情感和态度,也让我能及时了解孩子们的想法,这样我们就能更懂彼此了。)

*对话者:周剑*

## 第三节　价值引领——互动启蒙,领略教育的大爱

萧伯纳说过:"如果你有一种思想,我有一种思想,彼此交换,我们每个人就有了两种思想,甚至多于两种思想。"启发式、对话式的教育教学在这个多元文化共生的现代社会是难能可贵的。教师本身需要持续不断向外界学习,吸纳知识发展自我,而教师之间的开放沟通,更是能促进彼此的成长和提高。通过互相交流和分享,教师可以汲取更多的知识力量,从而更好地应对教育挑战。

### 【赵舒悦:关于带班的一些新思考】

忙碌且充实的三月一晃而逝,三月有诸多让我惊喜雀跃的时刻。比如和孩子们一起远足拥抱春天、大家从家里带来各种各样的绿植共同组成我们的"秘密花园"、孩子们对于"小黑"之死的猜测……这些有趣的事件拓宽了我对童世界的认知,也伴随着美好的春天治愈了我诸多疲惫的时刻。

与此同时,三月还发生了几件让我感到些许"愧疚"的事情,一些本可以避免的矛盾以及伤害,因为我不够智慧的教育行为而真实地发生了,这也让我对自己的班级管理产生新的思考。

#### 一次本可避免的"受伤"

午饭后,我回到教室询问大家是否要出去散步,大家特别兴奋地说:"要!""那大家过来排队。"说完我就站到了教室门口,等待大家排队。结果一位小朋友着急过来排队(他想排到前面),直接冲到教室门口,由于

跑得太快不小心摔倒，屁股磕到了门口鞋柜侧边，当时这位小朋友疼得哇哇直哭，我的搭班胡老师连忙把他带到保健室，发现小孩屁股上出现了淤青，紧急进行了冰敷处理。

尽管这是一件很小的事情，但事后我和胡老师沟通，发现自己在带班时会有些着急，常常会为了赶流程，发出一些简单粗暴的指令，如发出"准备出去散步了"指令之后，立马就站到了教室门口，没有给孩子们喘息的时间。或许下次可以这样处理：

● 在带大家出门散步前，要给大家一些准备时间：整理自己的玩具、小椅子推进桌子里，语言提醒收拾比较慢的幼儿不要着急，老师会等待他们……

● 结合我们班小朋友排队总喜欢挤来挤去、个别幼儿总想要排到第一位的情况，可采取相应的措施，如在地上做排队的标记，不按照"来得早晚"排队，而是按照"个子高矮"排或"轮流排第一位"，防止排队拥挤以及抢"第一位"的情况。

● 对于个别想要排前排的幼儿单独沟通，与其共情，给出其他解决方案："老师知道你想排一位，是想要牵老师的手，但是其他小朋友也想牵，我们轮流，或许你也可以找自己的好朋友牵手一起走，一样很开心，你看这样好吗？"

● 在集体面前共同讨论这件事情，和幼儿共识排队的规则以及在教室慢慢走的规则，在一段时间内持续关注幼儿是否能遵守规则，及时和幼儿反馈。

## 一场没处理妥当的"矛盾"纠纷

一个下雨天，我们在室内玩角色游戏，因为是本周第一次在室内玩，孩子们有些茫然,不知道玩些什么。我也有些不知所措,不知该如何推进幼儿的游戏,因此在收玩具的时候,心情有些焦躁。

就在这时,一阵刺耳的哭声从建构区传来,走近一看,原来是晨晨,他一边大哭,一边指着地上的枪,说:"昊昊拆我的枪。"从他的表情和言语中看出来他非常愤怒。我连忙上去询问事情缘由,原来是昊昊听到收玩具的音乐,发现晨晨还在玩玩具,问也没问就把他的枪拆掉。

当时的我一边是已经收好玩具坐下来的其他幼儿,一边是两个僵持不下哭闹的幼儿,心情更加焦躁,为了想尽快解决混乱的游戏状态,我十分草率地处理这个矛盾:让昊昊跟晨晨道歉,然后安慰晨晨不要哭了,"下次让昊昊再给你搭一个"。显然,这样的处理方式晨晨并不满意,他还是一直哭,旁边胡老师见状把两个孩子拉到卧室单独沟通,才算把这件事情平息。

遇到矛盾怎么办? 通常我的做法都是询问事由—主持公道—错误方向受害方道歉—安慰受害方—提出解决方案。但是在这次事件中,这种方式显然并不奏效,主要有几个原因:一个是晨晨情绪很少崩溃,这次大哭肯定是触犯到他的底线;另一方面是昊昊也是热心帮晨晨收玩具,只是方式欠妥。因此事情的"对错"并没有那么绝对。另外,在时间紧急,教师状态很慌乱的情况下,这套方案被简化成了"安慰+道歉",显然孩子并不买账。

事后,我和胡老师讨论这件事情,发现自己在处理孩子之间的矛盾问题时,缺少对孩子的理解与共情,那么下次如果还是这种情况,我该如何处理呢? 或者这种方式更加妥当:

- 在其他幼儿已经坐下来等待的情况下,可直接在集体面前处理这

个事情,当作一次教育契机;

● 先让两个人先冷静下来,询问事情缘由,客观描述事情来龙去脉:昊昊想帮晨晨收玩具,但是没有问他的意见,直接就拆掉,晨晨听到音乐还在玩,想介绍自己的枪;

● 先和晨晨共情:这是你辛辛苦苦搭的枪,想和大家介绍是吗?我特别理解你的心情,很愤怒也很伤心,对吗?但是现在枪已经被拆了,我们先来想一想怎么样解决这个问题好吗?

● 再和昊昊共情:你是听到了收玩具的音乐,想帮晨晨收,是吗?那你有没有询问他的意见呢?他想让你收吗?如果是你辛辛苦苦搭的玩具被人家拆了,你什么感觉?(引导幼儿换位思考)

● 最后问问其他幼儿遇到这种情况怎么办?告诉大家,可以先询问别人意见,再帮忙。

● 提出问题的解决方案:昊昊真诚地道歉,并事后弥补,帮晨晨再重新搭一个枪,并关注有无完成、晨晨是否满意,引导两位幼儿解决矛盾后,还是可以继续做好朋友。

这样的矛盾纠纷在幼儿园非常常见,但在这件事中,我对自己简单粗暴的教育行为感到十分"愧疚",我在想,如果是我自己辛辛苦苦完成的、引以为豪的作品被拆坏,该有多么愤怒和难过。作为教师,一定不能草率处理这种矛盾,首先要理解孩子,和孩子共情,关注孩子的情绪。其次要抓住这种教育契机,对于孩子来说,解决了矛盾和冲突才会有更好的成长。

## 一次慌乱的离园

对于新教师而言,离园环节常常会因为孩子兴奋而十分慌乱。一天下午由于隔离班的缘故,我要等到 4 点 15 分再把孩子送到幼儿园门口。在等待时间,我本来计划先和孩子讨论了最近游戏计划的完成情况,接着发放了一位幼儿的生日礼物,最后给小朋友发第二天要验尿的尿管。结果,现场一片混乱,状况百出:

- 由于生日礼物太重,很多幼儿的书包塞不下,需要教师帮忙塞进布袋;

- 个别幼儿没包,在离园时,教师忘记检查;

- 由于个别幼儿没有包,尿管和礼物拿不下,需要教师再拿新袋子给幼儿;

- 由于慌乱,个别幼儿的卡没带,鞋子忘记换,教师也忘记提醒,后续又重返教室换鞋。

孩子走后,我陷入深思,本该从容地离园为何如此慌乱,为什么即使已经留足了充分的时间,孩子们还会状况百出? 下次可以这样处理:

- 首先,离园前做的几件事老师要安排妥当,如可在午睡起来后发礼物,离园发尿管,不要一次发两样东西,幼儿容易遗忘;

- 其次,为了解决鞋柜拥挤的问题,可以分两个区域换外套,除了鞋柜,幼儿餐桌附近也可换外套;

- 最后,重点关注一些生活服务能力差的孩子,请动作快的幼儿帮忙;离开教室时,提醒幼儿带好卡,戴好口罩,穿户外鞋出门;

- 最重要的是,教师要从容,不要过于催促孩子,给孩子留有足够的时间调整;可播放一些音乐平静幼儿心情。

以上是我在二、三月份带班时的一些小思考,最近常常在想幼儿园老师其实是一份艰辛且富有创造性的职业。每天教师会面临各种混乱、不确定的状况,如何智慧且从容地处理需要很强的反思能力和实践能力,无论是常规的建立还是个别幼儿的沟通,需要老师不断地站在幼儿的角度去思考,理解幼儿,支持幼儿。

● **与你对话**

非常赞同你的这句话"一份艰辛且富有创造性职业",一份琐碎平凡但又闪闪发光的职业。

看到你的三个活动片段,我仿佛看到了曾经的自己。在职业成长的后花园里,每天似乎都充满兴奋和期待,也带着好奇探究花园中的一草一木,然后该修剪得修剪,该点缀得点缀,似乎每一个花草都值得去琢磨和雕琢等。这一过程实际上就充满各种美好。

在如何站在幼儿的角度去思考、理解和支持幼儿上,我越来越体会到"尊重"两个字的重要性。面对这么多孩子、流程这么紧凑,置身其中的每一个我们都会一不小心进行简单"粗暴地"批量处理,细细想来,这对每一个独特的个体和人性实际上是"漠视"。但伟大的是,我们内心仍在坚守和反思对"人"与"人性"的尊重和呵护。我想,幼儿发展优先的最大价值,既不是知识,也不是习惯,而是刻在骨子里维系人一生的那种温暖而有力量的人性感。

对话者:颜婷婷

## 【陆费烨珺:从"心"出发,向美而行】

教育是最美好的相遇。入职第一年,和小二班的孩子们相遇,我从刚踏上岗位时的懵懂、忐忑、遇到孩子"大声哭闹"时的手足无措,和家长沟通时的眼神飘忽,慢慢地我从带教老师身上学习到了有用的方法,我从教研活动中听到了解读儿童行为的不同视角,我在周围同事中获取了协同家长的各种途径,我不断在成长和蜕变,在带班中、在和家长沟通中慢慢建立了自信。

带领小班孩子一年的时间里,让我对"幼儿教师"这份职业有了更加深刻的认识与了解。爱心、耐心和细心,从"心"出发,是一名幼儿教师最基本的素养。一勺一勺午餐喂了一个月,陪着没安全感的小朋友午睡了一学期,来园和放学检查每一位孩子的书包,就这么做了一年。我用最亲切的话语,最灿烂的笑容,最温暖的拥抱,拉近着和孩子们之间的距离。在见习规范化培训的一年里,我从刚开始喊破喉咙都不起效,到现在一个眼神他们就能"秒"懂,我跟着带教师父学到了很多小技巧:"看看是谁的小眼睛最亮呀可以找到我。""我现在有个魔法棒,要来施展魔法啦。"儿童化的语言让我更快速地走进了孩子们的世界,点亮了他们的成长;我学着观察和分析孩子的游戏,从孩子们小小的游戏中捕捉他们的需求和发展契机,我真正理解了那句话"孩子是在玩中学,做中学",也深刻理解了游戏对于孩子发展的重要性。除此之外,在集体活动中,我通过撰写教案、准备材料、一遍遍地磨课,学习如何在课堂上有效提问,如何回应孩子……在带班中,我遇到很多挑战和问题,这也激励着我不断学习,精进自己的专业。

我体会到,仅仅有爱还不够,在陪伴中还要能读懂孩子的行为,并思考怎样更好地支持;帮助并鼓励他们自己穿裤子,近距离照顾他们吃饭,来园或是起床时的一个抱抱,课堂上目光的注视、语言的肯定、材料的互动等等,都让我把这份爱适时地传递给了更多的孩子,让他们从先前的无理取闹、不信任,到慢慢跟随我、支持我、在课堂中生活中给足我回应与反馈。还记得刚来园不肯吃一粒米饭、鸡蛋也不碰的小朋友,现在中午吃午饭可以在一刻钟之内就吃完;还记得开学第一天哭得稀里哗啦、班级里年龄最小的孩子,前几天放学的时候居然挂在我的脖子上,抱着我,和我撒娇,不肯回家;还记得孩子们从刚来园时的懵懵懂懂到现在大老远还没进教室,就和我打招呼大声喊"早上好"……日本一名教育家河合隼雄曾经说过:"大人要想知道通往孩子灵魂的通道时,急躁是最要不得的,只要用温暖的目光守护着孩子,通道就会从灵魂那里打开。"我想,爱就是通往孩子的最重要的通道吧。

在和小班孩子相处的这一年里,我努力让每个孩子感受到"被爱"与"被关注",我学着观察和分析孩子的行为,捕捉他们的需求和发展契机。

工作的一年间,还让我逐渐明白了和家长沟通合作的重要性,家园共育才能更有效地助推孩子的发展。还记得刚开学时我们班有个叫阳阳的男孩经常尿床,我们第二天便马上组织了集体教学活动"小猪尿床了"的语言课,当天放学及时和妈妈沟通交流,妈妈到家也很耐心地和沐阳进行了畅谈。每次午睡前我们都会叫阳阳小便,叫他放轻松不要紧张,要小便就大胆告诉老师。在家园合作下,短时间阳阳尿床的状况就有了明显好转。

于漪老师说过,一辈子做教师,一辈子学做教师。这是我的信念,更是我的使命,让我走向孩子的每一步,都变得更坚定和执着。向心而听,向美而行,愿我和孩子们一路成长,一路芬芳。

● **与你对话**

很高兴能够通过这样的方式见证一位优秀的新教师逐步适应工作、实现成长。在这篇文章中,我想我看到了你在一年的工作实践中,在专业能力上的提升,包括家长工作、班级管理、师幼互动等,你掌握了很多小诀窍,这让你和孩子的互动越来越有质量,也看到在日常工作之余你不断尝试思考"教育"的意义以及"优秀教师"的特质,并且努力靠近自己心中的答案。文章中,你说道:爱心、耐心和细心,从"心"出发,是一名幼儿教师最基本的素养。这句话质朴但有力量。从"心"出发,不只诠释的是教师对待幼儿的态度,更是一种投入、忘我的工作状态,能够超脱工作成就事业,在和孩子彼此成就的过程中书写真正的教育篇章。这需要我们摆脱日常繁琐事务工作的束缚,常葆初心,不受外界环境影响,真正体会教师这份职业的价值。

从最初的有心无力,到如今如鱼得水,你的每一点进步都与你的好学、勤思以及对这份职业发自内心的热爱密切相关,希望在未来的路上你始终能够带着这份坚定、这份热爱前行,去成就自己的教育理想,书写孩子的美好童年。

此外,在文本撰写上,提一些我的想法,或许会有帮助。文本第二段细致地解读了标题中的由"心"出发对于"心"作了细致诠释,并结合工作实际展开讨论。这一部分的实例如果选取一个去更加详细地描述或许会比长段排比更有温度。第三部分,你提出了"心"的基础上,还要有方法,这是改变有心无力的关键要素,这一立意真的太棒了,那么这里往后可以进一步诠释向"美"而行,这里的"美"是什么呢? 是优秀教师的形象? 抑或是美好的师幼关系? 又或是教师、幼儿的双向奔赴,彼此陪伴的共同成长历程？这个"美"可以在行文中进一步诠释、呼应，在行文之外也可以不断地探索、思考，把这个"美"读透了，或许前行的目标会更加清晰。

对话者：徐文怡

## 【邢乃雯：示范与创造】

在我的认知中，幼儿园艺术领域的活动有两大"禁忌"：范画和一遍遍排练。这仿佛是组织活动时的红线，这也让我在孩子不会画时纠结到底要不要示范，生怕扼杀了孩子的创造力。同时这样的"禁忌"也会让我困惑，因为有时活动中设置了自由表达、创造或创编的环节，孩子却显得不知所措……

不过，最近的一些观察和实践让我对示范和创造有了新的理解。

### 剪了又剪的五角星

结合主题"我是中国人"，美工区创设了"制作五星红旗"的内容，孩子需要通过折和剪制作五角星。在自己探索以及找老师讲解后，佳佳剪出了五角星。在接下来的一段时间里，游戏、午餐后她还是来到美工区剪五角星，她一边剪一边说着自己的想法：要给姐姐剪一个，要剪不同颜色的，要剪大的、小的……

### 跳了又跳的民族舞

了解中国是个多民族的大家庭，体验其他民族的简单礼仪与风俗也是幼儿发展的一部分。结合主题"我是中国人"，班级先开展了"民族音乐大联欢"。活动中，我和陈老师跳了新疆舞与藏族舞。午睡时，我看到有几个未入睡的孩子正在模仿舞蹈动作，晚上也有家长私信我孩子在家练新疆舞的视频。看来孩子对此真的很感兴趣，于是班级又开展了学跳新疆舞、藏族舞的活动,第一教时跟着老师学(幼儿各学各的,各跳各的),第二教时尝试变换队形(幼儿三人一组,商量讨论),第三教时孩子们创编了不同的队形。与此同时,音乐表演区变得热闹了起来,孩子在那一遍又一遍地跳。

**我的思考:**

**示范与模仿是创造的基础。**示范与创造并非二元对立,它们更像是"厚积薄发"的关系。基于孩子兴趣,以符合孩子学习特点的形式进行的"示范"是孩子进行创造的基石之一。正如艺术核心经验所提到的"感受美、表达/表现美、创造美",适宜的示范是孩子感受美的途径。

**要为孩子提供更多感受美、表达美、创造美的活动。**经过两个月的相处,我对班上的孩子又多了解一些。他们很喜爱艺术类的活动,他们有着强烈而丰富的情感,和他们一起舞蹈、绘制青花瓷、聆听"了不起的中国人"的故事都会让我感受到这些。他们喜欢唱歌跳舞,喜欢自由地表达,这些都将成为我开展课程的出发点。

● **与你对话**

与邢老师一样,我对示范和创造也经历过纠结。当我第一次以"口耳相传"的方式获得这个认知的时候,我很纳闷:为何不能示范? 为何不能重复? 这不是违背了基本学习规律吗? 单纯从学习的基本理论来讲,创造一定是建立在示范和重复上。郎朗的成就来自哪? 一万小时的定律基础是什么? 这些其实都是支持学习是从模仿走向创造的证据。

但为什么我们在口耳相传中获得了这样一个认知? 可能确实存在一部分教师因对教育的认识不到位,只会让孩子照葫芦画瓢,让孩子们只是在日复一日的操作中丧失了创造的劲儿。为了杜绝这种事件的发生,可能在专业管理上主观片面地画了这样一条红线(个人理解)。

此外,对于"创造"一词的理解,我们在交流和谈论的时候也可能还存在内涵理解的偏差。比如创造可以理解为"一种具有创新的精神"(精神化),也可以理解为"一种与众不同的新的创造物"(物质化)。如果理解为一种精神的东西,那么在我们的教育里只要我们给够孩子充分的发言、表达、表现的机会,我们一定不会扼杀到孩子的创造;如果理解为一种物质化的创造,我们倒更要在宽松的环境中重视、珍视、给予孩子模仿和练习的机会,因为所有创造都是在模仿上的升华(同理"量变引起质变")。不过在模仿的过程中,我们教育工作者可能还需特别关注的一点是,我不是一定要孩子这样,你必须要完全像我教的(我画的)这样,而是你在"画鸡蛋"的过程中以自由、自我的方式画出你理想中的"鸡蛋"(感谢达·芬奇的故事)。

对话者:颜婷婷

第八章
## 成效（二）：教师反思思维的提升

叶澜教授说过："一个教师写一辈子的教案不一定能成为名师，如果一个教师写三年教学反思有可能成为名师。"

思之则活，思活则深，思深则透，思透则新，思新则进。教师要提高自身的专业水平，就需要不断地在反思中学会教学，促进专业成长。只有通过有效的教学反思，教师重新审视自我，发现自我，使自己的有效经验得以积累，缺点和不足得到修正，教学能力和教学效益才会不断地提升。

## 第一节　与你对话，细数成长的痕迹

发展至今，反思对话的制度还处在不断完善的状态之中，教师们的智慧也层出不穷，金点子不断涌出，而随着制度的不断改进，我们也一步步见证着教师们的自我成长，从最初的被动接受与种种疑虑，到现在我们都被"反思对话"所牢牢维系在一起，形成一种共生的力量，在"'我'就是'我们'"这一片文化土壤上不断扎根，不断生长。

下面是以我园中三位处于不同发展阶段的教师为例，自反思对话制度启动之初至今，每个阶段关于教师所持态度与体会感受的访谈内容，从中亦可窥见一斑。

## 一、成熟教师——李臻(教龄 22 年)

**问题一:李老师从教 22 年,之前是怎么看待写教育反思这件事情的? 遇到哪些困难?**

> 我觉得教育反思是对老师挺有帮助的一件事。通过文字的对话,我会再反复去看,我还会去想想可以进行一个什么样的修改,和直接批改的效果是不一样的,他人会表达出不同的思考。因为有的人的思维方式其实是固定的,尤其像我这种人,年纪越来越大,确实会有很多思考的内容是固有化的,不太能够去改变。这时就需要其他人敲打我一下,既发现闪光点,又让我知道原来还可以从其他方面去思考问题。这和我重温书籍或者再读理论其实是一样的道理,多了一个角度,多了一些不同的思考方式。其实我觉得很多事情确实是需要去与人沟通、交流才会产生火花,多一个声音,多一条建议,展现出的就是不同的效果。我还是很认可的,因为有时候确实需要这样的声音。有时候面对面有可能会激烈一点,引起争吵或者怎么样。但通过文字,老师在写的时候是经过了思考才与你产生对话,会更为理智一点。有的时候面对面讲得好像不太能接受对方,但转过去回去想两天又会觉得对方讲得还蛮有道理的,也有可能我会反驳这种想法,即使他想的是对的。有的时候确实是需要一个冷静下的思考,笔头下的文字对话其实就是一个冷静思考的过程。另外我其实记忆力不太好,笔头的文字记录

可以作为一个见证,可以反复确认我是不是有往这方面去思考的过程。有时候,灵感也会像烟花一样刹那而过,所以说好记性不如烂笔头。

困难方面,其实我最大的困难跟我自己本身是有点关系的,理论跟实际难以联系起来,即我可能做的事情理论上是有支撑的,但是我没有办法跟理论进行联系和匹配。

**问题二:反思对话刚开始实施的时候,你是怎么看待这件事的?**

写反思这件事有个最大的动力就是有人看了,因为有人看了,你肯定要比平时写得更认真、更有态度,在写反思的时候聚焦性更强了,更明确我是一个问题的展开,减少一些随意性。我在写的过程中,有时候我会思考某句话是否可以用一个什么理论支撑,用以论述我的观点;有时候我会反思这个行动或者是我这个思考背后的依据是什么,然后就会去翻翻书对比,温故而知新;有时候看看别人的反思,也会发现亮点,会突然明白原来是可以这么理解的。

**问题三:反思对话实施过程中,你有哪些思想上的、行动上的变化?你觉得是什么促使你有这些转变? 你印象最深的一次反思对话是哪篇?**

我觉得我对孩子的观察更多了、更仔细了,会关注到每一个孩子,像配班的时候,我会特意盯着一个孩子观察他的行为,再去翻阅一些书籍,解释行为模式。以前可能把注意力更多地放在班级管理方面,孩子们按照我的意图做好就可以。现在可能更多地会关注到每个孩子是怎么做的、是怎么想的,这是一个很大的变化。其实我觉得推动我变化的应该还是孩子。孩子的有些行为让我觉得好笑、好玩,但是在好笑、好玩的背后,尝试去翻阅一些书籍,能够让我更好地理解,并且写一些反思,跟其他教师进行对话,从而更了解孩子的一些内心想法,就是这样的一个过程。

**问题四:作为一名从教多年的教师,你认为什么能激发你的活力?**

我觉得还是对孩子的爱。有时候在观察孩子的过程中,我会觉得对班级里边的一些特殊的孩子要更加关注一点,但其实整体还是应该均衡一点,给其他孩子多一点机会。你别看孩子表面上是调皮的,但是他背后真的是有闪光点。老师要走进孩子的世界里,然后你才会发现对他来说重要的是什么。

## 二、教研组长——刘凯妍(教龄 17 年)

**问题一:在反思对话制度开始之前,你是如何看待写教育反思的?**

以前是抱有完成任务的感觉,尤其时间比较紧的时候。当然我觉得写反思也是对自己工作的梳理和小结,有时候遇到类似的事情或内容,也会去翻看。

**问题二:有了反思对话机制后,你觉得有什么变化? 有获得哪些支持吗?**

如果没有人和你对话,可能就是自己和自己对话,现在多一个人解读、对话,可以听到更多声音,想得也更多,这是很不同的地方。

我更多感受到的是专业上的支持。因为和驻园专家周老师对话得比较多,她是专业的,同时她也会分享她以前工作中的经历,我比较倾向专家型的对话者。

有时候也会有价值支持的部分,比如要投稿的时候,会有来回的讨论,驻园专家周老师会说我们当面讨论。还有些支持没有在文本中,比如有时候驻园专家周老师会参与教研,在这个过程中聊到的一些会触动到我,这些触动并没有归整到反思对话的资料里。所以我们其实很多时刻都会发生对话,不仅仅只存在于教师反思的文本中。

**问题三:作为教研组长,你觉得反思对话制度有支持到相关的专业发展吗?**

驻园专家周老师每周都会参加我们教研组线上教研,给出一些正确的指引,这对我有帮助。因为我大部分反思还是和课程实践有关的,根据写的主题,课程实践更多。所以反思对话制度和教研组长的成长关联度不是非常紧密,因为和写的反思内容有关。

**问题四:反思对话实施过程中,有什么令你印象深刻的或者有什么变化?**

当时开始反思对话制度的时候,是规定对话者的。我第一篇反思是指定给驻园专家看的,当时她(和组员)用工具来对话,包括思维链、反思地图。我觉得对话比较生硬,更多是对反思写法上的关注。后来,大家可以自由选择对话的人,负责对话的人也抛开工具,对话变成了内心想法的交流、观点的认可,还有会对我的一些问题进行解答。最近我的一篇写军事基地游戏的反思,驻园专家周老师就提议可以聊聊战争与和平的关系,这是我没有想到的。

**问题五:对于现有的反思对话制度、对话者,你还有哪些看法?**

A:我觉得目前的反思对话,是指一篇文章里的反思,即文本反思。老师们吃饭时聊天、和搭班聊天,这些都是在反思、对话,都非常好,那这些如何呈现?

Q:你说的呈现是指留资料吗?

A:不完全是,可能是写法上的变化,文本本身的形式更加多元。还有对话形式的变化,例如对话者不局限于核心组,不是每篇反思都需要发给别人对话,想对话的时候对话。当然园所从管理方面有自己的考量。

Q:我想到对话可以有新形式,例如"每月限定对话者",邀请一线老师加入,每月一个,例如这个月是某某老师,大家除了可以给核心组,还可以给这位老师对话。

A:对,让更多老师参与进来,让大家参与,让反思对话逐渐常态,从文本延伸到幼儿园的工作中,渗透到园所文化里。

## 三、新教师——赵舒悦(教龄 2 年)

### 第一部分:关于反思对话的感受

Q:我们来聊聊关于反思对话的事情,这种方式你喜欢吗?

A:我觉得对我的专业成长有帮助。

Q:可以举个例子吗?

A:比如,可以针对我实践中的问题进行梳理和总结。在跟有经验的老师对话的时候,他们会给我一些他们的思考和经验。这个对我来说很有帮助。我之前跟朱老师对话了一篇科学育儿指导的文章。她不仅仅就反思本身进行对话,还以老教师的身份对我作为新教师进行对话。她当时说我很棒,我应该保持自己的初心。我觉得这种鼓励让我很受用。还有跟石老师的对话,包括对于生活、工作的反思,让我觉得挺美好的。像两个好朋友一样,在进行灵魂的对话。跟胡老师也是有这样的情况。我觉得好的对话是触及心灵的。之前写过一篇关于我们班级特殊儿童的,本来给胡老师的时候没有特别大的期待。但是胡老师说在我的身上看到了她自己年轻时的样子,她也结合了我之前送她的一本书《育儿之心》,来分析她看得很认真,给了我鼓励。我印象很深刻。

还有我上次分析自己在游戏分享中的经验和问题,邢老师给我写的反思,她给我推荐了书,还告诉我要接纳游戏中的不确定性,我会觉得"哦,原来老师都会遇到这样的问题,那么我遇到也没有什么大不了的"。她也给我了一些具体的方法。

Q:所以你很会"挑人",你期待得到情感上的共鸣,以及专业上的建议和支持。

A:对的,我希望感受到她在认真读你的反思。这个很重要。

Q:所以一篇好的反思和一篇好的对话,都是可遇不可求的。

A:对的,刚好到了那个时机。那个对话的人可以跟你产生同频共振。我以前觉得对话是很私密的事情,因为我会记录生活中的感悟和对工作不好的感受,但会觉得有被窥探的感觉。后来我就不太写生活方面的感悟了。但我觉得我们这份工作,生活和工作是分不开的,所以对于生活的态度和工作的感悟是紧密相关的。

### 第二部分:对于反思对话的期待

Q:你会有什么期待吗?

A:期待对话的对象可以不要局限在核心组的成员。比如我和小费也有过几次比较深入的沟通,我们在很多问题上都很有共鸣。还有以前跟朱老师,也是这样的。所以我觉得不要局限人员。如果有时间的话,我觉得一篇反思可以给多个人对话,从而听到不同的声音。当然前提是要认真写。还有,我觉得对话这种东西不一定是跟别人对话,也可以跟自己对话。就是自己的思考。比如初期做了一个尝试和记录,过了一段时间后,也可以进行与自己的对话。

Q:还有什么要说的吗?

A:我期望我们的反思更关乎心灵。因为我觉得我们的工作没有给我们很好的情绪出口。如果反思能做一个出口,我觉得还蛮好的,现在的反思更多反映的是专业上的东西。

Q:其实你刚刚讲到的给你留下较深印象的几个,已经不全是专业层面的了,也是涉及心灵层面的。

A:对的,反思不一定要有理性层面,也需要感性的共情,心灵的关照也很重要。因为我们太欠缺了(大家太追求效率了)。

Q:你会看别人的反思吗?

A:最近看得少,因为没有时间。之前看得多,因为我不会写。我喜欢看朱老师的反思,看完我会觉得原来还可以这样写。她的思路比较开放。还会看邢老师的,她的风格也比较独特,自成一派,感觉每一篇反思都能成为一篇小论文了。

Q:那么你觉得反思在教育教学和课程实践中扮演了怎样的作用?

A:如果是认真写的话,它能够帮助我反观自己的实践;如果缺少时间去酝酿和积累的反思,对实践的帮助作用不大。我觉得有些反思是不需要对话的,只是承载了一种情绪。比如我有一段时间会记录自己的教学感悟,就是很私人化的东西,我就只是把心情、感受、发生的事情随意记录下来,很真实,但是没有时间进行深入的思考和理论的链接。我觉得这种也是很有价值的。

从不同教龄不同专业水平教师的访谈中可见,反思对话对教师的专业成长值得肯定。尤其是对于促进教师有意识地关注孩子、有意识地嫁接实践经验和理论知识、有意识地基于实践进行及时梳理和总结等方面大有裨益。不过,随着反思对话的深入,教师对反思对话过程有了更高的期待,比如期待有更多元的对话方式、更灵活的对话者、更拓展的对话内容等。实际上,高期待要求的出现也从侧面印证了教师在专业上的主动成长。

## 第二节　自我升华,学会反思的反思

基于对话者的建议或想法,开展再反思工作,在又一次审视自我中学会成长,理解关键,剖析重点,优化相应的教学策略,形成思维的闭环。

## 【顾莉:斜坡的故事】

背景:

某一天的游戏时间小潘在教室里搭了一个斜坡,第一次他失败了,于是他就迷上了搭斜坡,不停地重复,然后就引发了一场斜坡搭建的风潮,好多孩子都开始搭斜坡。

### 斜坡初诞生

小潘在建构的时候用积木搭得高高的,然后拿起了旁边的一块纸板倾斜地放在了上面,放上去倒了,重复了几次,终于微微地靠上了。分享交流的时候,我请他介绍自己在做什么? 他说要做一个斜坡,纸板总是倒,放不住。小朋友们就帮忙出主意了:

"拿块积木放在纸板前面挡住。"

"搭的积木要稍微斜一点,这样纸板也会斜的。"

"积木太直了,太高了。"

孩子们开始七嘴八舌地出主意,把自己的经验都贡献出来,但是小潘好像有自己的想法。于是我就告诉他:"小朋友的建议都不错,你可以去试试看,也可以自己再想想办法。"

我的思考:我看到了小潘在搭建斜坡过程中的专注和坚持,虽然没有语言的表达,但是他在不断地倒塌、重来,一次次重复的过程中,我觉得他是在思考的,有可能在想"怎么又倒了?""怎么放才能斜斜地把纸板靠上去?"所以我想"静待花开",给孩子一些思考的空间,看看他们能不能有解决的方法。

## 斜坡的改造

第二天游戏时间小潘又去了建构区,这次他抛弃了纸板,他选择了三角形的积木,然后开始摆放,第一层大家都一样地铺平,然后开始垒高。但是三角形的形状没有方形的好垒,尖角很容易就倒。倒了两次之后,他转变了一下,将三角形积木尖角朝下,嵌入了两块积木之间,这样正好摆平。于是第二层、第三层,一直到了第四层,他很巧妙地每一层往里放一个,就这样一个斜坡就出来了,而且非常牢固。也许是偶然,我是这么想的。在分享的时候,我们展开了交流:

"今天的斜坡和昨天有什么不一样? 为什么不用纸板了?"

小潘回答我:"昨天纸板一直滑掉,所以今天不用了。"

"那么你今天用了什么好办法?"

"我今天就用了积木,三角形一块正、一块反,正好可以搭起来。"

于是我就让他拿了积木做了演示,把经验分享给了其他孩子看,孩子们都纷纷说很棒。

我的思考:果不其然,这朵花静静地开放了。我很惊讶的是,他能从昨天的失败中总结和梳理经验。因为纸板一直滑,所以他会觉得这个材料不合适。在搭建积木的时候拿到三角形积木可能是无意识的,但是在摆放过程中,不经意就发现了新的搭建方法,然后开始重复操作,并在重复的基础上多次地摆弄,最终是达到了他的预期、一个由积木搭的牢固的斜坡。在摆弄的过程中,他应该在翻转积木,不停地尝试,在这个过程中寻找到了建构的方法,也建立了相关的空间经验。我给予的支持是,让他把这个经验用语言组织讲述出来,并通过再次的操作,让他更加明确这种形状积木的建构方式的多样性。也通过分享把个体经验分享给集体,让更多的人有这样的建构经验以及去尝试的想法。

### 好玩的斜坡

分享了有趣的斜坡之后,这一天,小潘拿了自己用小颗粒搭好的小汽车在斜坡上玩。小车子从斜坡上快速地滑下来,他重复着在斜坡上玩车子。这时候边上的孩子看到了,也觉得很有趣,也走到了建构区开始搭斜坡。就这样,教室里出现了很多的斜坡,建构室也开始玩斜坡游戏,沙水游戏的时候孩子们也开始玩斜坡。

我的思考:教室里出现了一波"斜坡风潮",孩子们在各个场地都开始玩起了斜坡游戏,这是为什么?首先,我觉得是在分享的过程中,孩子发现了斜坡的乐趣。因为发现很好玩,所以他们也想要这么玩,因此大家都开始搭斜坡。其次,是他们刚开始搭斜坡是无意识的,但是慢慢地开始变得有意识,他们要满足自己,会思考如何把斜坡玩得开心。

从这几个小故事中,我觉得通过分享交流带给集体孩子一些新鲜的刺激,激发他们的灵感,激发了孩子的探索经验,同时也迁移了孩子的相关建构经验,把自己获得经验吸收和内化,并将探索经验运用到新的探索中去,促进了孩子的迁移能力。

● 与你对话

从反思中,首先,我看到了老师对教育契机的捕捉及对孩子发展的持续性支持和推进,顾老师的做法令人赞赏。其次,我通过孩子的这一系列行为切实感受到大一班孩子进步,他们的学习品质和探究精神离不开老师日常的跟进和指导。最后,我觉得还有两点可进一步挖掘:

1. 小潘保持探究的背后到底是什么在支持?(可能是自己的学习品质的推进,也可能是教师自己没觉察到的支持,如果是教师的原因,那么到底是什么? 如果把这些经验进行总结梳理,我觉得很有价值。)

2. 为什么后期出现了"斜坡热潮"?(到底是什么在推动这股热潮? 深挖下去说不定会有更大的惊喜。)

这些问题想想都令人兴奋,哪天和你一起细聊。

对话者:颜婷婷

### "斜坡的故事"再反思

**【问题】**

幼儿在建构游戏中遇到问题,如何体现教师的支持性?

**【对策】**

1. 适时地观察,不急于指导,观察幼儿在过程中如何自己解决搭建斜坡的问题。

2. 与幼儿进行沟通和交流,了解幼儿是怎么想的,能够把自己的思考过程与老师进行交流,能够读到孩子现在是否需要帮助。

3. 利用平行游戏,和孩子共同游戏,相互学习,共同探索。

**【对话】**

在之前的游戏观察中,我可能更多的是作为观察者,看看孩子们怎么玩的,在过程中会与更多的孩子讨论他们的失败与成功经验。

但是后期出现了更多的斜坡游戏之后，孩子们面临的问题也更多了，但是游戏变得更加有趣了，因此我会将这些有趣的片段更加连续地进行记录，去发现他们在过程中有趣的故事。在和婷婷老师对话的过程中，我也去思考这个斜坡游戏为什么会引起很多孩子的参与，老师怎么样去做好支持者，让这个游戏更加地持久、更加地好玩。

思考一：建构游戏中出现了斜坡的热潮是什么原因？

思考二：斜坡搭好了之后，是满足于物体从斜坡上滑落还是满足搭建的过程？

**【改变】**

1. 和孩子一起游戏——共探索

我除了作为观察者，我也参与到游戏中，让自己成为游戏者——我也尝试去搭建斜坡，和孩子们一起玩，才能身临其境，和他们共同发现问题。有的能力弱的孩子就会在老师的带领下也参与进来，有的能力强的孩子们就会来看老师是怎么搭建的，找一找不同的搭建方法，寻找更好的方式。因为老师的共同游戏，让孩子们对这个斜坡游戏更加感兴趣，我能够与孩子们共情，与他们共同体验失败和成功，也与孩子们互为学习者，我们相互学习各自的经验，认可大家好的方法，孩子们在这个过程中得到了老师大大的支持，我们是平等的游戏者，因此他们没有任何失败后的挫折感，反而激发了他们不断探索的兴趣。

2. 投放多种滚动材料——共尝试

我在游戏的过程中发现圆柱体积木太重了，斜坡承重不够，因此容易倒塌,于是我试着用小一点的圆柱形积木,以及小球等材料。在调整了材料之后,发现斜坡倒塌的概率逐渐减少,因此在材料投放上做了调整,除了建构室的积木之外,我和孩子们在教室等其他地方去寻找适合在斜坡上滚动的材料。孩子们会更自主地选择一些自己觉得需要的材料去尝试,老师也会带老师认为合适的材料,我们大家一同尝试,寻找更优的游戏材料。

3. 游戏观念的转变——共成长

从孩子们的斜坡游戏到现在与好多游戏的结合,以及不同样式的斜坡,我觉得我的观念也在变化,不是仅仅和孩子说一说怎么样的是正确的,在过程中,我发现孩子们是在一个不断探索、积极主动思考的过程。他们在过程中观察物体从斜坡上的滑落,感受物体运动的状态。他们在其中不断地发现问题,同时想办法解决问题,比如当积木总是掉下来,不按照自己设计的轨迹行走的时候,他们就会更加细致地观察,与此同时还会去观察别人的斜坡,相互学习,取长补短。在提供了不同的积木和海洋球之后,他们又从中感受到了物体的大小、形状、轻重、材质等都会成为其中一个影响运动轨迹的重要因素,在这么开放、宽松、愉快的氛围下,孩子们感受和体验到了很多深奥的道理,这是非常难得的,这也就成了我们一直给他们充分地去体验、感知的价值所在。

那在这个过程中老师的作用是什么? 老师的作用就是在满足孩子、观察孩子和肯定孩子。尽管他们一直重复斜坡,我们也没有去打断他们,而是看着他们一点点地变化,每次游戏结束分享的时候会让孩子们关注自己的斜坡和昨天有什么不同，做了哪些修改。也会让不同的斜坡作比较，看看别人的好在哪里，有没有自己可以学习的地方，给了孩子这样的空间，让他们能够去探索更加有趣的斜坡。我觉得可能是因为我们的支持，才会让孩子们在这一段时间更加地投入和专注到游戏中去。

曾经我也觉得是要将建构方法和经验告诉孩子，每次建构的时候他们能够运用这些方法，将作品搭得很漂亮、很美观。可是通过这次孩子们在搭斜坡、玩斜坡的过程中，我觉得孩子们只要有兴趣了，你不用刻意强调这些方法，他们也会把这些建构经验运用到游戏中，也会自主地学习他人的方法，因为孩子的目的是怎么样让自己玩得开心，自己的作品可以玩起来，而不是一个摆设。由此也启发了我，我觉得在这个过程中，老师做好支持者，并在这个过程去挖掘建构经验与培养解决问题和迁移经验的能力，等等。这是一个非常综合的能力考验，无论是对老师还是孩子，所以不单单是孩子有收获了，也让我从孩子身上学到了很多，自我反思了很多。这也许就是老师和孩子之间的相互成就吧！

## 【陆费烨珺：如何进行游戏分享】

对于小班幼儿来说，游戏情节的连续性和区域之间的互动还相对较少。"小医院"的场景是新的，所以孩子们都很热衷于去玩，玩听诊器，穿小医生衣服、打针、在娃娃身上试来试去，这说明孩子们正处于摆弄玩具的状态,这是小班孩子初期角色游戏的特点。所以在围绕"小医院"进行分享时,首先可以交流的是:这是什么？介绍他们的正确命名,例如这是针筒、这是听诊器等,可以方便日后的交流;其次还可以给他们介绍这些器械的使用方法,譬如说听诊器是用来派什么用场的、可以怎么听、可以听哪些地方,利用提问来激发孩子们的经验。其实现场和预设是有不同的,后续该做的是需要把握小孩角色游戏初期的特点,等玩的时间长了,工具清楚了,才会有情节的丰富。

### 游戏分享的开头

"今天你们去哪里玩了"不可以作为游戏分享的常规化,可以换成"今天早上你们玩得开心吗""谁来把今天开心的事情来告诉大家呀"。

设想:可能孩子不仅仅会说我今天当了谁,我今天在哪里玩很开心。对孩子能力强的孩子进行追问:你做了什么事情那么开心呀？

### 回应要注意科学性、及时性

"小医院"里的科学性很重要,听诊器能听到什么声音,孩子可能不懂什么是噪声、杂音。对于听诊器,孩子的经验是:去医院,医生用听诊器听。孩子可以配合做动作,吸气呼气等,对于听诊器能听到什么声音,孩子其实是不知道的,所以可以将提问调整为:你作为小医生去医院给宝宝看病,你是怎么用听诊器听的呀？你们也去医院看过病,那医生在听的时候,会喊你们做些什么事情什么动作呀？（主要注重方位）

当提问"听诊器可以听些什么地方"的时候,有孩子说听屁股。这时候要追问:你们去医院的时候医生听你们屁股吗？原来听诊器不是所有地方都听的,胸口听听,后背也要听。对于错误回答不能忽略,也要进行及时回应。

### 《"阿嚏"不见了》集体活动

分清故事与绘本的区别。故事是要有情节性的,重点是让幼儿看图片,观察细节,帮助幼儿来理解,让幼儿来表达,或者老师来引导,引发他们思考,而不是老师自己说。细致观察画面才是讲故事的重中之重。

#### ● 自我反思

前面的阿嚏时间太长了,重点是让幼儿不害怕看医生打针,而不是一直在阿嚏里。

那怎么让幼儿不害怕看医生呢?在彬彬感冒不肯去医院看病的时候,可以让幼儿来猜一猜这是为什么?这时可以充分激发幼儿来大胆表现自己的经验。

对于家里家具都在打喷嚏时,有幼儿猜想:椅子也打喷嚏了。首先老师应该指出这是沙发,不是椅子,适当扩充幼儿的回答。其次对于能力较强的孩子可以说出他们的猜想,老师可以带着这个猜想来进行验证。重点在感冒不看医生会传染,而不是沉浸于阿嚏。

彬彬在被大河马喷嚏吹飞了后,飞到了一张床上,旁边的医生被小朋友说成了爸爸。医生白大褂服饰没有做好,不应该是蓝色的,这个地方需要修改。

#### ● 与你对话

这次的反思有了很大的进步,能够把你的所思所想用文字描述出来,同时也看到你针对发现的问题,做的思考和提出改进的方法,给你点赞。反思就是要去发现问题,如集体活动中,为什么飞到医院这张图片内容孩子们说不清楚,除了医生衣服颜色,还有教师语言的引导,或者是临场的发挥。当孩子说不出的时候,我就把后面的图片给他看,看到药品之后,再回到过去,那你们说说这是哪里? 他是谁? 前后联系,也是绘本阅读的一种方式。《3—6岁儿童学习与发展指南》中也提到了联系上下图进行理解的方法,小班孩子可以在老师的带领下学习这种方法。

这次在格式上也更加地清晰,可以让我看的时候知道这一段你主要想说明什么问题。有了一个小标题的提炼,帮助你围绕中心描述。相信你会越写越好!

对话者:顾莉

## "如何进行游戏分享"的再反思

**【问题】**

作为一个新老师,如何进行游戏分享?

**【对策】**

改变提问方式,初次分享新事物是从命名作用入手,回应做到及时性科学性。

**【改变】**

在日后进行游戏分享的时候,可以用"你说我说他说"的形式,不需要老是一个人将今天所需要讨论的东西依次说出,可以你来说说,我来说说,他也来讲讲自己的观点。还可以"一问一答"的方式,将所需要讨论的东西引出。对于孩子们初次认识的事物,一定要先规定名称,可以适时地向孩子们提问在哪里看到过呀? 它是用来干什么的呀？小班幼儿的游戏分享需要视频和照片的提示,跟着视频来了解,看着照片讲故事。

## 【石凤梅:关于幼儿园老师戴帽子】

前段时间,在学习专家讲座的时候,一个关于老师"防晒"的话题引发了我的一些思考,遂把它们记录下来。

讲座时展示了这样一张照片——红圈所示这位老师能够蹲着和孩子交流是非常好的,但是该老师的防晒装备过于齐全,会给孩子带来一种"老师怕晒怕热"的示范效应。因为"有一种热叫老师觉得热,有一种冷叫老师觉得冷"。

联系本场讲座的主题"儿童发展优先"。我理解的是,专家认为"在教育的任何时候都应该以儿童发展优先,以是否对孩子发展有益的出发点来思考和判断,而不是个人的需求和喜好"。我非常赞同儿童发展优先的理念,但是,关于"防晒和戴帽子",我有一些不同的想法:

首先,照片里可以看到这个班级有一部分孩子在阴凉处活动、有一部分孩子在太阳底下活动,当天的阳光也是非常强烈的。通常一场游戏都要持续 40 分钟以上,加上户外运动的 1 个小时,可以判断当天老师和孩子们是长期处在日光照射下的状态(到阴凉处时除外)。那么,在这样的日照强度下时,应该防晒吗?

关于晒太阳,现代的循证医学研究有两点基本结论,大人小孩都适用:

第一,太阳中的紫外线会伤害我们的皮肤。

阳光中的紫外线根据其波长主要分为三种:长波紫外线(UVA,320—400 nm)、中波紫外线(UVB, 280—320 nm)和短波紫外线(UVC,180—280 nm)。其中 UVC 在穿过臭氧层时几乎被完全吸收,到达地面的仅为 UVA 和 UVB,分别占总量的 95％ 和 5％。紫外线中的 UVB 作用于表皮层,会引起皮肤变红、严重晒伤甚至晒后脱皮;UVA 可穿透至真皮浅层,主要引起皮肤变黑、光老化等。同时,日光中的 UVB 和 UVA 还是非黑素性和黑素性皮肤癌的重要致病因素。

第二,晒太阳能帮助我们获取人体必备的维生素 D。

研究显示,人体获得的维生素 D 中,80％～90％ 都来源于晒太阳,皮肤中的 7-脱氢胆固醇在紫外线照射下可以转化为维生素 D,而剩余的维生素 D 则主要是从少量含维生素 D 的食物中获得的。

也就是说,紫外线容易给皮肤带来不可逆转的伤害,但是适量地晒太阳也是很必要的。如果要追求一种理想状态的话,可能需要有关教育管理部门进行更加全面、科学的分析计算,类似公布空气质量指数一样的方式,指导老师组织幼儿的户外活动。当然,话说回来,不管是老师、家长还是孩子,对于"太阳是否太晒"都是有自己的判断能力的。夏季日照强烈时,如果是家长带领孩子在户外活动的话,我相信大部分家长也会给孩子和给自己做好基本的防晒措施的(比如戴帽子、穿防晒衣、涂防晒霜等)。

真正的儿童发展优先,应该是从多个角度综合考虑的。这无关"老师觉得晒,孩子们本不怕晒",保护皮肤不被太阳晒伤本就应该是生活教育的内容之一。(日本的教育中也非常重视孩子的户外运动,我在参观日本幼儿园的时候,发现只要是日照强烈的时候,孩子们都会统一佩戴黄色的小帽子,老师也会穿防晒衣、戴遮阳帽。)类似照片里这样的天气,如果是在日光下进行长时间的游戏,我觉得不管是孩子还是老师都应该进行必要的防晒(从图片里也看到的确有孩子也戴了小小遮阳帽)。

我想,我们可以从"不可以戴帽子"这项统一规定走向讨论"哪些帽子是既可以保护我们的眼睛和皮肤、同时又不影响视线",或者围绕"在幼儿园户外活动时,可以有哪些措施来保护师生的皮肤不被晒伤"这样的话题进行讨论。照片里这位老师的帽子帽檐相对比较大,如果戴得低的话,的确可能会影响老师的视线。从带班安全性的角度来讨论,问题的关键其实并不是"帽子与否",而是"怎样的帽子"。

在思考这个问题时,我也试图到网上去找找与之相关的信息,比如幼儿园老师不能戴帽子这个观点是否约定俗成? 从何而来? 有多普遍? 有怎样的文化根基? 支持者和反对者的理由是什么? 一线老师和其他人员(家长、领导、专家等)各有什么观点? 孩子怎么看? 它是否代表某种"隐喻"?

查资料的过程中,并没有找到学术的讨论,但是各种论坛上有很多类似这样的帖子:"为什么幼儿园老师不能戴帽子? 你们幼儿园的规定是怎样的？""我是家长，我看到幼儿园老师带孩子在外面玩的时候，让孩子在太阳下面晒，自己躲在阴凉的地方，心里觉得很不舒服。"看来，"防晒"这个话题虽然一直没有摆在明面上来讨论，但的确是很多老师、家长关心的问题。

于是，我试图用我的方式来理解和解释它——首先说说刚才出现过的"家长视角"，我觉得家长在意的是"老师有没有真的为孩子考虑，老师为自己考虑更多还是为孩子考虑更多"，如果在日照比较强烈的时候，老师带孩子外出会考虑孩子会不会被晒伤，并由此为孩子寻找阴凉的地方、提前让孩子做好防晒等等，我想家长一定会非常认可这位老师。

同时我也在想，在我们的文化中历来有"赞美苦难"的传统，是不是这一文化基因影响了我们的评价标准，从而认为"老师面对酷热阳光不遮蔽不在意"比"老师怕晒戴遮阳帽"更加高尚？还有一些专家会说："我们以前做老师的时候都是这样过来的，为何现在的老师这么娇气？"我觉得以自己作为尺度去评价别人不应该是我们推崇的价值观念，尤其是双方地位不对等的时候。

絮絮叨叨说了这么多，只是讲一下自己不成熟的感受。"未经审视的人生不值得过"，同样，一些日常观点的背后可能也有许多值得进一步讨论的地方。我们不应该天然地觉得从来如此便应如此。愿我们的观念都能既经得起科学和理性的检验，又能彰显人性的关怀。

- **与你对话**

这是一个常常被提起的话题，很欣赏石老师能够从不同的视角、不同的立场去思考这个问题，去剖析每一种观点背后的本意是什么，就本意而言,如何去协调彼此的平衡点。这种思维方式非常值得我学习,从这个视角出发,我们可以看到,其实三者之间是不存在不可调和的矛盾点的,在这个基础上,我们就有空间去更多地思考,到底怎样会更好,怎样能够实现共赢。

对话者:徐文怡

## "关于幼儿园老师戴帽子"的再反思

**【问题】**

幼儿园老师戴帽子防晒,应该被批评吗?

**【对策】**

查阅科学证据,探寻观念形成背后的逻辑。

**【对话】**

老师保护好自己,本身也是对孩子的一种保护,老师的思维方式与行为习惯是一种榜样,我们应当正视教师在这个过程中潜移默化所传递给孩子的东西。当然,我们期许的是共赢,教师要保护好自己,这是本能,但更要保护好孩子,这是职业所赋予我们不可推卸的责任。

**【改变】**

实事求是、尊重科学。强烈紫外线对皮肤、眼睛的危害不容忽视。作为老师,我们有权在紫外线强烈时做好必要的防晒来保护自己,同样地,我们也有责任保护好每个孩子(提醒家长为孩子准备遮阳帽、涂防晒霜;日光强烈的时候尽量避开太阳直射,引导幼儿到阴凉处活动等)。现在我不仅没有"丢弃防晒"，而是更把"防晒"当作日常生活教育的重要内容，大大方方地和孩子、和家长讨论这个问题，在炎热的夏天尽量帮孩子躲避过强紫外线的伤害。

当然，如果有可能，对于园方层面，我还有如下建议：①为教师配备合适的遮阳帽、防晒衣等，避免出现不合适的帽子影响视线的问题；②在操场上增加遮阳设备(很多南方学校都有遮阳布、遮阳伞等)，从长远角度考虑，多种几棵大树也不失一种有效的调节方式。

## 【朱莉琰：真儿童理念下对于环境创设的再思考】

《教师自主监控手册——环境创设篇》中开篇"灵魂拷问"中写道：

1. 环境是否体现了幼儿的主张、想法？

创设前：有没有倾听过幼儿的意见？

过程中：怎样根据幼儿的需要动态调整？

创设后：幼儿对环境的满意度如何？

2. 环境是否支持了幼儿发展？

创设前：怎样的环境能支持幼儿发展？

过程中：环境支持幼儿发展了吗？

创设后：幼儿在环境中获得了哪些发展？

那么今天，我想就这些问题，尤其是针对"在过程中，怎样根据幼儿的需要动态调整""幼儿对环境的满意度如何"来举例谈谈在工作实践中

(也许是自己,也许是他人)遇到的或看到的问题及做法。这里要事先声明的是,本文中的"环境"指向不一定是定格在墙面、桌面的固定样态下的环境,它还包括材料、幼师关系等。

### 案例1:苏铁叶草裙

**创设前:有没有倾听过幼儿的意见?/怎样的环境能支持幼儿发展?**

| | |
|---|---|
|  | 偶尔获得的材料:<br><br>　　在散步的时候,孩子们在国旗下的一棵苏铁树边上捡到了许多被剪下的树叶,他们说:"这个叶子很刺人。""以前陈陈老师被叶子刺到过。""这种树叶我们车道边上也有的。""老师你看,这叶子像不像扇子。""老师,我想用这个叶子做一个草裙。" |
| 在和孩子们对话中,我听到了各种想法。<br>"做草裙? 行啊!"<br>"很刺? 那就一起动手修剪一下吧。" | |
|  | 独具匠心的作品:<br><br>　　当老师把叶子清洗干净之后,剩下的就交给孩子们了,剪掉叶子的尖尖头,系在扭扭棒上,围在腰间,戴在脖子,或绑在屁股后。他们戴上了独一无二的草裙在小舞台中跟随音乐律动,展现自我。 |
| 　　无论从游戏情景创设也好,还是对物品进行简单改造后再用以替代,无处不彰显着以孩子为主,支持幼儿发展的理念。 | |

**案例 2:擦汗小人**

**过程中:怎样根据幼儿的需要动态调整?/环境支持幼儿发展了吗?**

| | |
|---|---|
|  | **原先的设计意图:**<br><br>　　图片中的两个小人原本是用来提示幼儿天气热了出了汗要擦汗的环境设计:孩子们说说、聊聊、涂涂画画自己出汗多的地方,并用白色蜡笔当作出汗印记进行表征。 |

　　但问题来了,现在是 11 月份了,天气逐渐转凉,擦汗的标识继续放着也已经不再应景,如何巧妙地利用原先的素材重新建构一个新的生活重点呢?

| | |
|---|---|
|   | **动态调整后:**<br><br>　　我们把擦汗小人一分为二,当初出现两个小人是因为孩子们说了前胸和后背都有汗。现在,一个小人做"长袖变短袖"的环境提示,另一个小人做"包肚子"的互动环境。需要指出的是:包肚子小人使用的是背心,突出是一件"内衣",在观察中我们发现,很多孩子包肚子会把外面的衣服也包进去。所以这里就用"背心"这一特点来表示内容。并不代表幼儿最里面一件衣服是背心。 |

　　孩子们在环境中发现了我们身体因为天气的变化而发生变化的关系,也将生活重点逐步纳入了环境中。这样的动态调整,不只是为了省去劳动力,还让幼儿感受到自己的生活同周围环境的变化而变化着。

**案例 3：特别关注**

创设后：幼儿对环境的满意度如何？/幼儿在环境中获得了哪些发展？

| | |
|---|---|
|  | 原先的设计意图：<br><br>　　随着年龄的增长，很多家长都会告知孩子一些他在集体中需要注意的事，例如"天热了/咳嗽了/打预防针了要多喝水喔"，还有的家长也会告知自己的孩子"今天中午要回家"。<br>　　如果今天孩子打了预防针或是稍许有点咳嗽了，家长可以提醒孩子插上"喝水"小牌牌，这样老师、大妈妈和同学们都会知道，也会善意地去提醒他。当然，孩子们自己走过路过的时候，也会顺便提醒自己需要做一些关注自己的事情。 |
| 　　所以为了让孩子们学会更加关注自己的生活日常，把父母叮嘱他们的事情转达给老师，让同伴也了解自己的一天安排等，我们设计了这块版面。 | |
|  | 幼儿实际使用后的效果：<br><br>　　比起成人关注的结果，孩子们往往更喜欢"插"这个动作，到处插，无差别插。几经询问（插上去的标识和自己身体有什么关系）后，发现他们会有各种理由去诉说自己这样的安排：<br>　　① 我身体有过敏，天天晚上爸妈帮我涂药膏的，所以我要插一个"药丸"。<br>　　② 其实我感冒刚刚好，但还是有点咳嗽，所以我插了一个"不能吃鱼"的标识。<br>　　③ 我感觉自己喉咙有点不舒服，我要"多喝水"的标识。<br>　　④ 老师，我想回家，所以我插了这个牌子。 |

续　表

> 　　从和孩子们的对话中得知,孩子们已经关注到这个环境并且对其非常感兴趣,同时孩子们就是想满足"插一插"的这个动作,在"插一插"的过程中,联系到了自己身体的一些变化。我们只是想通过环境去了解孩子、关心孩子、知道孩子到底是怎么想的,打开和孩子的一个话匣,增加师生间的亲密度而已。
> 　　如果我们一味地去引导孩子"你没有医生的证明不能给你插""你的爸爸没有和我说过你要回家你不能插""你在幼儿园没有吃药所以你也不能插"的时候,这样的环境,孩子是不会满意的,这样的环境,孩子再也不会来碰了。

　　由此,我更是想到徐雅萍老师来园指导时说的"环境要体现过程性"这样的概念,我也一直反复在思考"环境到底如何体现过程性",同时也思考"把环境变成一种过程,它的可行性到底有多大"这样的问题。过程性更多的是在于教师与孩子言语之间的观察引领、拨弄调度,如何能使一句话撬动起一整个事件,才是最上位的"体现过程性"。

　　在此,我也有一个疑问,这个疑问也始终无法得到解决——如何用环境去解决幼儿脱衣脱反这样的事件? 然而,我又在思考,我们的环境是为了解决问题,更是通过创设环境去看幼儿的发展过程。与其说是"环境体现过程性",不如说是"环境创设体现关注儿童发展的过程性"。也正是这个"特别关注"案例带给我的思考:环境关注的是人的发展。

### ● 与你对话

　　反思里的几个小案例都好有趣啊! 谢谢你在分享做法的同时,还详细讲述了它的"前世今生"。看到你将自己在环境中的所思、所做和监控指引进行对照,我觉得很欣喜,也很受触动。说实话,从我们开始研究环境以来,我个人对于环境的理解也在不断地加深和更新。而每次和你的短暂交流,抑或是走在走廊里对着别人教室的匆匆一瞥,我也都觉得"被启发到了"。

最让我欣赏的是在第三个故事中,对于孩子们"插插插"的喜好,你的反应不是直截了当"严格规定",而是愿意走近孩子倾听他们,表现出很强的理解和包容心。我觉得这一点真的很棒,值得我学习。

至于你最后提到的"环境体现过程性",我觉得这句话乍一看是好理解的,但是仔细推敲,我也无法解释到底什么叫"体现过程性"。我个人的浅薄理解就是"环境是跟随孩子发展一点一点做出来的,理想状态是可以从环境中看出孩子的发展过程"。

我觉得环境是日常生活的一部分,不是所有的教育意图都可以(或者需要)通过环境去达成。环境是班级里的第三位老师,但是我们不还有两位老师吗?

最后,跟你分享一下上学期我的一篇反思,也是与环境有关的,但是聚焦点不一样,我们可以再讨论、一起进步。

对话者:石凤梅

## 【附:石凤梅的反思】
### 【当我在做环境的时候,我在想什么】

如果新实验幼儿园也有个"热搜榜",那么"做环境"无疑是榜上的"顶流"。在准备这次大教研的时候,我和搭班、其他班级的同事也聊了很多关于"环境创设"的想法。教研的分享中,我也说了一些自己的困惑。今天就再来写一写,在我和搭班为了做环境加班的时候,我都想到了什么。

1. 墙面环境在主题推进中的作用是什么?

主题环境并不仅仅是主题墙,还包含了老师为了主题目标所设计的活动。比如,我们出去散步,那么外面的环境也是主题环境的一部分。那么在主题的诸多块面(横向结构)、在主题的推进过程(纵向结构)中,墙面应该扮演什么作用呢?

有的墙面是孩子作品的集合(比如"春天的地图"),我们用有趣的形式鼓励孩子去表征、表达。有的墙面是学习过程的记录(如"蝴蝶主题墙"),老师把孩子探究蝴蝶的过程集合在墙上,其中有孩子已有经验的表达,有孩子探索过程中的发现,也有一些照片的记录。

这些墙面不是一蹴而就的,也不是单凭老师的苦力就能完成的。更多的是老师基于对幼儿的观察,设想一个"点",然后和孩子们去讨论,确定下来以后设计出一个"骨架",孩子的主张和表达则陆陆续续地填充其中。任何墙面都应该是老师和孩子合作出品的"作品"。在完成主题墙面的"过程中",孩子有大量的机会来表达自己。

但是,我总是有一种感觉——大多数时候墙面做完了,活动就像是画了句号了,墙面的"互动性"更多地体现在前期,要想让墙面做好以后还要具备"互动性",那可真的是太难了——我也不知道我们班级的这两面墙是否算作符合"互动性原则"。

即使现在我们已经将点读笔、平板电脑应用在了幼儿与墙面的互动中,但是孩子真的去"互动"的频次有多少?我想大多数时候都是无法达到我们预想的美好效果吧。打个比方,如果我们家里有一面照片墙,或者摆放了许多工艺品,我们会在装饰完成的第一天反复欣赏,我们会在朋友来家里做客的时候指着每一样东西去介绍,我们会在特殊的日子、特殊的情绪状态时去欣赏、摩挲……但我们会每天去"互动"吗？似乎不会。哪些东西会让我们每天互动？养鱼的人每天都要驻足欣赏一会儿自己的生态鱼缸，养花的人要经常去浇水、施肥，欣赏新长出来的花苞。换句话说，无论是孩子还是我们大人，都是活在当下的。

这么说来，我认为，主题墙面的互动性应该也是体现在两方面的：一是前期设计、创设时，幼儿有没有丰富的机会与之互动，是仅仅按照老师的要求画了一幅画贴上去了，还是在大量体验、互动基础上的自发表现；二是墙面完成后为"幼儿与墙面互动"提供多样的机会，用能动的、能听的、能玩的来吸引幼儿。我觉得第一点比第二点更重要。

2. 给孩子用的环境 vs 给大人看的环境；活在当下 vs 留下痕迹

关于这两组词之间的关系，作为老师我总会感到纠结和拉扯。

有多少次，我们为了做出一个"像样的环境"，让孩子去记录植物角、去画下自己的计划、去做"游戏日记"。有多少次，我们得到的孩子一个天真的微笑，和一句"我不想画，我现在想去玩游戏"。打开"幼师口袋""小红书""微信公众号"，有太多太多优秀的教室环境，同为老师的我们一眼便能看出照片背后的老师花了多少力气，孩子是自发地表达还是"被迫地劳动"，哪些环境是专门给专家领导看到、给家长"看的"，哪些是给孩子"用的"。孩子在课程推进中、在日常生活中当然会有很多真情流露，有的大胆积极表达，有的带回家与父母分享，有的好奇主动发问，有的求真探索答案，有的喜欢画画便画了下来，有的则把这一刻的感受变成一颗种子藏在心底，种子有可能在很远的将来长出一棵参天大树……我希望教室里的环境源自孩子真情的流露、自发自主地表达，而非把孩子日常生活按下暂停键，为了环境而做环境，那样太过做作。

当然,我的想法可能并无道理,那么此刻的记录就当是个人专业成长道路上的一次"留痕"吧。

## "真儿童理念下对于环境创设的再思考"的再反思

### 【问题】

针对《教师自主监控手册——环境创设篇》中开篇"灵魂拷问"的再思考,尤其是"在过程中,怎样根据幼儿的需要动态调整""幼儿对环境的满意度如何"来举例谈谈在工作实践中(也许是自己,也许是他人)遇到的或看到的问题及做法。

### 【对策】

创设前:有没有倾听过幼儿的意见? /怎样的环境能支持幼儿发展?

无论从游戏情景创设也好、还是对物品进行简单的改变后再用以替代,我们都需要以孩子为主支持幼儿发展。

过程中:怎样根据幼儿的需要动态调整? /环境支持幼儿发展了吗?

孩子们在环境中发现了我们身体因为天气的变化而发生变化的关系,所以我们同步也将生活重点逐步纳入了环境中。这样的动态调整,不只是为了省去劳动力,还让幼儿感受到自己的生活随着周围环境的变化而变化着,我们改变了,环境自然也会改变。

创设后:幼儿对环境的满意度如何? /幼儿在环境中获得了哪些发展?

孩子对环境的满意度如何是需要与孩子对话产生的,孩子们自己会评价。他们关注到环境的变化并且主动进行讨论和参与就说明非常感兴趣,同时孩子们也会在过程中做出和老师预设的不同的表现行为,以满足自己的想法,所以老师要予以认可和留有空间。

我们要认识到我们只是通过环境去了解孩子、关心孩子、知道孩子到底是怎么想的,打开和孩子的一个话匣,增加师生间的亲密度而已。而不是让孩子只能照着环境的样式去这样做。不然这样的环境,孩子是不会满意的,这样的环境,孩子再也不会来碰了。

**【改变】**

对话者也给了我她的一篇关于环境创设的再思考反思,相互借鉴讨论和进步。更重要的是,我们达成的共识是:环境是日常生活的一部分,不是所有的教育意图都可以(或者需要)通过环境去达成。环境是班级里的第三位老师,但是我们还有两位老师。

## 【邢乃雯:好的教育使人成为自己】

6月下了好久的雨,但孩子们却像明媚的阳光照亮了教室。当我沐浴在温暖的阳光下,我看到了不一样的景象,这些都值得被记录下来,也值得向人诉说,那现在就听我来唠叨唠叨吧!

### 纸飞机

"不能带玩具来幼儿园,吃好午饭玩什么?"

"可以拿手工纸玩。"

所以每个孩子都有了一架纸飞机。拿到飞机的第一天，孩子们用纸飞机投掷；第二天孩子们开始探索飞机的方向，向上、向后，有时还会转弯；接着有的飞机有了名字，比如"忍者号"，有的飞机起飞时还有"绝招名"；后来孩子们把桌子当飞机基地，有的扮演警员；再后来孩子会在建构区搭怪兽，游戏结束后搬到地板上，午饭后一起玩"飞机大战怪兽"；连睡前准备也成了"飞机降落"，测温成了"检查飞机发动机"，当然也有孩子说"我是人类，不是飞机"；天气好时大家还会拿着飞机去操场上和风比力气或与滑滑梯合作变成"滑翔机"。

纸飞机的机头早已磨白，但孩子们依然乐此不疲地玩了一整个月。

## 打蚊子

"我今天执勤时候打掉了4只蚊子。"

"啪——"

"那现在是5只了吗？"孩子说。

没想到和搭班的聊天能成为孩子运用计数经验的契机……据孩子们统计，那天我一共打死了7只蚊子。或许是这件事引发了大家的兴趣，孩子们也加入了打蚊子的行列。你会看到他们目不转睛地张开双臂追踪蚊子，一旦觉得时机成熟就立刻下手。不管是老师还是孩子，打蚊子的体验都差不多：偶尔能打到，更多时候打不到。

我突然意识到，在"打蚊子"这件事上，孩子观察了、实践了，如果"打蚊子"是一个探索活动，那么接下来就是讨论梳理了。我认为在生活中讨论生活的内容更加适宜，所以关于"打蚊子"的讨论渗透在了日常聊天中，孩子们七嘴八舌讲着家里灭蚊的方法，驱蚊贴、蚊香、电蚊拍……最后的结论是：教室里也许需要一个电蚊拍来提高打蚊子的命中率。

## 从一场大战到飞机三兄弟

没有了角色游戏的预设,孩子会怎么玩?

当孩子玩起"打打杀杀""开枪射击"的游戏,你的想法是什么?

6月最大的惊喜莫过于孩子的游戏状态,当我们退后一步观察孩子的游戏,不禁想感叹:太有趣了! 太好玩了! 由于这个游戏的记录非常长,因此做成了公众号推送的内容。

这个6月在阳光的照耀下闪闪发光,我想从中找到发光的原因,也在思考这当中是否存在某一种理念为儿童和教师都提供了力量。

**流程的转变使儿童有更多的游戏时间。**开学复课后,小班一日流程有所变动,来园时间为 8:40—9:00,专用活动室、玩沙取消,集体活动调整到下午,游戏和运动占据了上午大部分时间。我班孩子来园较早,进入教室后会先游戏再吃点心,吃完后继续游戏,因此上午游戏时间约为 1个小时(还不包括午饭后的自由活动时间)。有了充足的时间保障,儿童可以沉浸其中,深入探索。相比原来的流程,我认为,至少根据我班情况来看,现在的流程更适宜。

**教室的转变使儿童有更多的游戏空间。**"保持安全距离"是开学复课很重要的一个内容,为了保持距离,教室中的桌椅基本是不移动的,玩游戏有专门的积木桌或地毯,而集体活动则主要使用靠背椅,因此在游戏时,靠背椅是闲置的,这也是本月初看到的情况。然而随着儿童游戏的开展,原本闲置的区域展现了"留白区"的功能,儿童用椅子搭基地;另一方面宽敞的建构区里,孩子开始向高处探索。我想"熟悉有安全感的环境+适当的留白"为儿童游戏提供了保障。

**教师的转变使儿童成为自己。**幼师是做什么的? 我认为,幼师就是和儿童一起生活的老师。在幼儿园这一场域中,和儿童一起生活,无数次地体验生活的酸甜苦辣,增强心理弹性。所以秉持着这样的观点,孩子游戏时,我与搭班陈老师最常做的几件事是:观察、记录、提醒孩子注意安全、在孩子需要时提供支持、听从孩子指挥参与游戏。而在孩子游戏后,我会组织分享交流,做成公众号推文与家长分享⋯⋯

既然是在幼儿园这一场域生活,而不局限在班级,那么教师就要有意识地创设本班孩子与幼儿园中其他人的连接。除了幼儿园里的大人与孩子,我想起了即将入园的新小班孩子,关于"长大(升中班)",其实是与小班的告别,对小班的回顾以及对成长的期待。因此,我们尝试了一次连接,孩子们拍下了自己在小班学会的擦嘴、叠毛巾、叠衣裤的步骤图,录了一些小班听过的故事,想传达给新小班的孩子们:这是一个陌生但安全的环境,因为曾经也有一群和你们年龄相仿的孩子在这里生活。

当然,这一个月能有那么翔实的记录与思考,还有两个不容忽视的因素是:一个是儿童的人数,另一个是⋯⋯

好的教育使儿童成为儿童,好的教育也能使人成为自己,这是我心中理想的教育模样。那么教师有多少时间、空间和选择?

### ● 与你对话

嗨!很高兴你选择我作为你反思的对话者,让我有机会通过"反思"这一载体对你有更多的了解,这次对话主要围绕两个方面展开:一是说说看了反思后我的感想,二是和你聊聊我们共同感兴趣的问题。

#### 在反思中我看到的你

我觉得你是一个有教育信念且付诸教育实践的老师。我认真地看了你的反思,并看了反思中所链接的班级公众号内容,我深深地被感动了,你记录的那些生动、可读性强的案例,来自你平时对幼儿点点滴滴的关注和细细的解读;你以班级公众号的形式向家长进行推送,既让家长了解了孩子在园的情况,你简短的解读又让家长慢慢地学着读懂孩子。你做的这些不是领导的一句"要努力工作"就能做到的,是需要心里有"火"的人才会倾注大量的时间去实践、去研究,就像你文中说到的"闪闪发光",我想那发光的原因就是心中有"火",心中的"火",我想可能是来自你的教育信念吧!

我觉得你是一个善于思考敢于尝试的老师。你文中讲的你与孩子进行的关于"长大(升中班)"的尝试,我觉得你的想法和做法都非常棒!孩子的成长就是在一次次的告别中完成的。告别留下美好回忆的过去或为弟妹留下美好生活的痕迹,是他们走向成长的动力。虞永平教授在"教育的世界"公众号中曾有一篇推文——幼小衔接应在回归中走向科学,在该篇推文中他提出这样的一个观点:全程、全面做好入学准备,其中第一个特点是全程准备,突出重点时段。你的尝试就说明你有这个全程准备的意识,且抓住了重点的时段。幼小衔接是全社会关注的问题,做好每次升班的衔接,幼升小的衔接就会水到渠成。希望你能把你为小班做的付出与小班的老师进行沟通,你的好朋友陈燕下学期带小班,你可以给她,期待后续!

### 和你聊聊感兴趣的问题

为什么6月会闪闪发光?你在反思中从时间(作息时间)、空间和教师三方面进行了分析,对你的分析我是认同的,我要补充的有:一是,6月孩子少(是平时幼儿数量的三分之一左右),对教师来说教师更能"看得过来"，教师的心也会比较静，与孩子个别沟通的机会会增加；二是，本学期作息安排和保教工作的评价与原来有很大的不同，如作息以大块面来"切"，减少了流程间的转换，我们不再像平时那样强调每天必须保证户外活动时间，运动安排是否科学(动作发展全面)，也没有大教研，当教育变得相对纯粹或简单时(此处表述可能不准确)，外界对教师工作的"干扰"少了，教师会感到更自主，能做自己想做且对幼儿发展有益的事。那我们就要进一步思考，教育最该做什么？教师最该做什么？

教师有多少时间、空间和选择？这个问题问得非常好！因为在我园有三个年龄段，9个班，外加专用活动室、玩沙，以及必须遵守相关文件规定，所以在排作息时间时园长也是伤透脑筋。作息表一旦形成肯定要求各班教师遵照执行的，这样看起来教师在时空上的自由度确实不多。但凡事也有例外，你有什么好的想法也可和园长提出进行小范围的尝试，积累经验。我在长实验幼儿园曾经给陈青老师班级更多的自主权；在新实验幼儿园，由于当时要尝试高瞻课程(在高瞻创造性艺术之前)，我曾让小胡班(大班)以大块面来切时间段，上午运动、游戏(角色游戏和活动区)，下午集体教学，可能是由于我要求她们这样做，她们没有此需求，所以试了一个月后她们决定恢复以往的作息，仅在玩沙那一周按此作息做。你如果觉得这个作息好，到大班时可以尝试这样做。那么在现有作息制度下教师又有哪些自由的选择呢？当然可以有，如中班的玩沙和运动时间可以整合使用(我当时在调整作息表时也是这样想的，但遗憾的是没有被执行)，中班专用活动室和教室可以同时使用，拓展幼儿活动空间，提供更多的自主选择的机会。聪明的你一定还有更好的想法，期待中！

关于理想中教育的模样。在文中你提到你心中理想的教育模样是

"好的教育使儿童成为儿童,好的教育也能使人成为自己"。这和我常说的:"让孩子像孩子那样健康快乐地成长。"有异曲同工之处,我理想中教育的模样是——教育让孩子成为更好的自己！这就需要我们教师要尊重孩子的发展规律,能读懂孩子,能支持、激发孩子不断地成长,成为更好的自己！

对话者:周剑

## "好的教育使人成为自己"的再反思

【问题】纸飞机是谁折的呀？老师还是孩子？

纸飞机是我折的。起初是孩子和我各一张手工纸,孩子一步步学,但斜着折难度较大。我认为折飞机的目的是"玩起来",而不是"学会折"。所以当着孩子的面给孩子折了飞机。

至于学折纸,中班也可以做,不用局限在这个阶段。有的孩子是后面来园的,其他孩子就会说:你可以让邢老师给你折一架。有个孩子玩了几天,发现陈老师没有纸飞机,就跑来和我说,他要给陈老师折一架。他去问了陈老师喜欢什么颜色,接着模仿着我之前的步骤折了飞机,最后几步有困难,我就帮忙。

这件事带给我的是温暖和惊讶,因为我看到了关爱还有观察学习的发生。

【问题】这些公众号家长看后有何反馈呀？

家长的文字反馈比较少。从后台数据看,家长更多是默默点"在看"或是转发。

家长反馈少的原因分析:我本身对"家长反馈"比较佛系,所以推送中不太会写一些问句,引导家长留言;教师不在家长群中。

和孩子的交流中发现,家长会和他们一起看公众号,或是看完和孩子聊聊当天的游戏。从孩子的状态以及家长约谈获得的信息来看,孩子们喜欢上幼儿园,下大雨也要来,上了外面的暑假班后还是会想回到小二班。

以下是公众号中家长的留言。

留言1:《飞机三兄弟》故事连载已经三期了,孩子变化很大,每天定了闹铃吵着要去上幼儿园,回来蹦跳着兴奋地一遍遍诉说幼儿园的活动以及伙伴,想必幼儿园一定是一个特别特别温暖的集体,也一定有老师特别特别多的关爱。老师辛苦啦,手动大大赞。

留言2:三兄弟连载很好,孩子们无拘无束在一起,扮演自己崇拜的角色。有团结合作,有单打独斗,有创造,有模仿,一个个都是勇敢的男子汉,是保护地球的小勇士。

小二班的美好时光会永远镌刻在孩子们心里。

**【其他】**

我阅读了虞永平教授的《幼小衔接应在回归中走向科学》。其中"全程准备,突出重点时段",除了让我想到幼小衔接,也想到了儿童发展的全程性。简单来说,就是当我们站在一个更长的时间线上去看待儿童发展,很有可能当下我们所在意的"问题"或许是儿童成长中必经的过程。

"好的教育让孩子成为更好的自己"这一理念展现了一种"向上"的力量,更关注教育对人的发展的作用。探索"更好"其实也是在追问"教育最该做什么?""教师最该做什么?"。对目前的我而言,依然还在探索,需要不断问自己这两个问题,以逐步形成一个有内在逻辑且细密、丰富的观念体系。

关于作息的调整,我还需要再仔细思考一下。最后,再次感谢周老师与我对话,启发了我很多。

第九章
影响:唤醒教师课程领导力

教师反思对话的过程是动态的,包括以下几个方面:用新的理论重新认识自己的过程;用社会的、他人的认识与自己的认识、行为做比较的过程;不断收集寻求他人对自己认识、评价的过程;将自己转化为他人,站在他人的角度反过来分析、认识自己的过程;在解构之后又重构的过程,一个在重构的基础上处于更高水平上行动的过程。

孔子曰:"学而不思则罔,思而不学则殆。"从哲学角度看,反思是一种心灵内部的知觉;从心理学角度来看,反思是一种理性的思维方式;从教育学的角度来看,反思伴随着教师所有的"思"与"行"。反思对话,其本质是"理论"与"实践"之间的对话,也是理想自我与现实自我在心灵上的沟通。成为课程领导者的教师,总是行走在教育教学的"思"与"行"之间。

## 一、收获理性力量

从教师自身角度看,每位教师都有备好课上好课的愿望。然而,无论我们备课多么充分,都会有不完美的地方,甚至出现某种失误。在反思对话中,教师能够从中发现自己的不足,以便扬长避短,加深对教学的理解，取得进步。只有勤于笔耕，及时捕捉信息，并把它记录下来，宝贵经验才会永久保存。同时，一个教师如果仅仅满足于获得经验而不对经验进行深入的思考，那么，只能形成肤浅的认识，并容易导致教师产生封闭的心态，如此不仅没有帮助，而且可能阻碍教师的专业成长。只有经过反思，使原始的经验不断地处于被审视、被修正、被强化、被否定等思维加工中，去粗取精，去伪存真，这样经验才会得到提炼、得到升华，从而成为一种开放性的系统和理性的力量，唯其如此，经验才能成为促进教师专业成长的有力杠杆。

### 二、实现自我更新

现代教育所面临的最大挑战，首先是教育者的理念。教育理念正确与否是教师是否成熟的重要标志。有什么样的教育理念就会有什么样的教学行为。著名教育家陶行知先生认为"先生的责任不在教，而在教学生学"。我们的每一次反思都意味着对过去的教育理念和行为的扬弃与对未来发展的规划，它既是一种自我否定，也是一种自我超越，使我们在不断与自我、与他人对话中，更客观地审视自我，树立正确的教育观念，在另眼看"我"中做清醒的旁观者，做明白的自知者。

### 三、促进教育转型

要适应教育发展的需要，教师就要努力把自己从经验型教师转变为研究型、学者型教师。反思对话的过程就是一个研究、提炼、升华的过程，它能使我们从感性认识上升到理性认识，可以得出新的教学规律，并在实践中检验和发展教学理论，从而提高自身素质。反思文本作为积累教学经验的一种新的极好的载体,它贴近教师工作实际,教师有话可说,有内容可写,对教师的成长有很重要的作用。通过反思对话,教师很容易落实先进教学理念到具体的课堂教学行为之中,有助于提高教师的实践能力,促进教师的专业成长。

# 参考文献

［1］上海市教育委员会教学研究室.幼儿园,课程领导力在生长［M］.上海:上海科技教育出版社,2019:105.

［2］李贵仁,韩美超.教师反思的思想渊源及其演变［J］.科学咨询(教育科研),2023(09):224-226.

［3］徐心格.幼儿园新手教师教学反思能力与提升策略研究［D］.重庆:西南大学,2023.

［4］李长志.校长的思想力［J］.教书育人(校长参考),2007(2):61.

［5］金京泽.课程领导的上海探索［M］.上海:华东师范大学出版社,2020.

［6］马妮萝,曹能秀.幼儿园教师课程思想领导力:困境与超越——基于云南省858份数据的实证研究［J］.早期教育,2022(17):25-30.

［7］卢乐珍.关于"师幼互动"的认识［J］.早期教育,1999(4):28-29.

［8］王烨芳.幼儿园数学教育活动中的师幼互动——对教师的教育观念和教育行为的个案研究［D］.上海:华东师范大学,2005:2.

［9］郭国芬.教学反思,让教学效果在回味中升华［J］.学苑教育,2013(03):57.

［10］王子涛.关于教学反思的反思［J］.人生十六七,2018(5):63-64.

［11］王晓丹.佐藤学"学习共同体"思想及其实践研究［D］.福州:福建师范大学,2020.

［12］黄玉芳.有效教学反思提高教学素养［J］.课程教材教学研究(教育研究),2014(4):82-84.